毛泽东经典著作研读系列丛书

总主编 / 康沛竹 艾四林

《关于正确处理人民内部矛盾的问题》研读

康沛竹 兰池 ◎ 著

中国出版集团有限公司
研究出版社

图书在版编目(CIP)数据

《关于正确处理人民内部矛盾的问题》研读 / 康沛竹, 兰池著. — 北京：研究出版社, 2024.1（2025.5重印）
ISBN 978-7-5199-1558-2

Ⅰ. ①关… Ⅱ. ①康… ②兰… Ⅲ. ①《关于正确处理人民内部矛盾的问题》- 毛泽东著作研究 Ⅳ. ①A841.26

中国国家版本馆CIP数据核字(2023)第169058号

出 品 人：陈建军
出版统筹：丁　波
责任编辑：于孟溪

《关于正确处理人民内部矛盾的问题》研读

GUANYU ZHENGQUE CHULI RENMIN NEIBU MAODUN DE WENTI YANDU

康沛竹　兰　池　著

研究出版社 出版发行

（100006　北京市东城区灯市口大街100号华腾商务楼）
北京隆昌伟业印刷有限公司印刷　新华书店经销
2024年1月第1版　2025年5月第2次印刷
开本：787毫米×1092毫米　1/32　印张：7.375
字数：127千字
ISBN 978-7-5199-1558-2　定价：58.00元
电话（010）64217619　64217652（发行部）

版权所有·侵权必究
凡购买本社图书，如有印制质量问题，我社负责调换。

---- 总主编简介 ----

康沛竹 北京大学马克思主义学院教授、博士生导师。1981—1988年,在北京大学历史系学习,获历史学学士、硕士学位;1993—1996年,在中国人民大学清史所学习,获历史学博士学位。中央马克思主义理论研究和建设工程《马克思主义发展史》首席专家。2008年国家级精品课"中国近现代史纲要"课程负责人。出版专著《灾荒与晚清政治》《中国共产党执政以来防灾救灾的思想与实践》《〈新民主主义论〉导读》《〈关于正确处理人民内部矛盾的问题〉导读》等,主编《马克思主义妇女理论发展史》《马克思主义学习型政党建设问题研究》《中国近现代史前沿问题研究》等。在《近代史研究》《中共党史研究》《当代中国史研究》《马克思主义研究》《马克思主义与现实》《光明日报》等发表论文70多篇。

艾四林 哲学博士、教授、博士生导师,清华大学习近平新时代中国特色社会主义思想研究院院长,教育部长江学者特聘教授。中央马克思主义理论研究和建设工程首席专家,国务院学位委员会学科评议组成员,《高校马克思主义理论研究》主编。

作者简介

康沛竹 北京大学马克思主义学院教授、博士生导师。1981—1988年,在北京大学历史系学习,获历史学学士、硕士学位;1993—1996年,在中国人民大学清史所学习,获历史学博士学位。中央马克思主义理论研究和建设工程《马克思主义发展史》首席专家。2008年国家级精品课"中国近现代史纲要"课程负责人。出版专著《灾荒与晚清政治》《中国共产党执政以来防灾救灾的思想与实践》《〈新民主主义论〉导读》《〈关于正确处理人民内部矛盾的问题〉导读》等,主编《马克思主义妇女理论发展史》《马克思主义学习型政党建设问题研究》《中国近现代史前沿问题研究》等。在《近代史研究》《中共党史研究》《当代中国史研究》《马克思主义研究》《马克思主义与现实》《光明日报》等发表论文70多篇。

兰池 北京大学法学博士,加州大学伯克利分校联合培养博士生,研究方向为中国近现代史基本问题研究、中共党史,在《科学社会主义》《民国档案》等核心期刊发表论文多篇。

序

由北京大学马克思主义学院康沛竹教授和清华大学习近平新时代中国特色社会主义思想研究院院长艾四林教授主编的"毛泽东经典著作研读系列丛书"陆续出版与读者见面了,两位主编是我多年的同事和朋友,让我作序,只能"恭敬不如从命"。借此机会,一方面对新著出版表示热诚的祝贺,一方面谈些想法与大家交流,权作序。

2018年5月4日,习近平总书记在纪念马克思诞辰200周年大会上的讲话中指出,"马克思主义不仅深刻改变了世界,也深刻改变了中国"。马克思主义怎么深刻改变了中国?我认为其内涵就在于:马克思主义的中国化、中国化的马克思主义深刻改变了中国。马克思的著作、理论、思想、学说,如何成为中国共产党人的指导思想和意识形态?这里面就有一个重要的转化环节,这个环节就是马克思主义的中国化,就是要把马克思主义从德国的形态变为中国的形态,从欧洲的形态变为亚洲的形态，从西方的形态变为东方的形态，这就是我们讲的马克思主义的中国化时代化。

1938年10月，毛泽东在党的六届六中全会上作的报告《论新阶段》中首次明确地提出"马克思主义中国化"的概念。毛泽东是马克思主义中国化的伟大开拓者，毛泽东思想是马克思主义中国化的表现形态，实现了马克思主义中国化的第一次飞跃。2021年中国共产党建党一百周年，"中国共产党为什么能？"其中的一个关键点就是始终重视思想建党、理论强党，强调重视总结历史经验，从学习中走向未来。而毛泽东研究、毛泽东思想研究、毛泽东思想的当代价值与意义研究，就是其中不可或缺的重要内容。

毛泽东思想博大精深，内容特别丰富，涉及面非常广泛，因此学界的研究也是多层次、多维度、多视角的。比如从发展历程看，有毛泽东早期思想、新民主主义革命理论、社会主义建设道路的探索等；从思想分支看，有毛泽东哲学思想、经济思想、管理思想、军事思想、文艺思想、外交思想等。那么如何把握这个体系和精髓呢？关键是要读原著，要精读细读、慢慢咀嚼、深刻领会、反复思考。要从读原著开始，从读原著入手，从读原著做起。把读经典、悟原理作为一种生活习惯，当作一种精神追求，用经典涵养正气、淬炼思想、升华境界、指导实践。

康沛竹、艾四林主编的"毛泽东经典著作研读系列丛书"着眼原著，聚焦原著，精心策划，精心组织。这套丛书精选了10多部毛泽东的经典著作，从写作背景、版本考据、主要内容、影响和意义等方面条分缕析，深入研读，视野开阔，内容翔实，是毛泽东经典著作研究的重要成果，对于毛泽东思想研究，特别是广大干部群众通过学习原著把握和领会毛泽东思想，具有积极的推动作用。毛泽东的原著和文本集中体现了毛泽东思想，具有广泛的社会影响力，已经成为民族记忆、文化范式、精神标识。其中许多重要著作的重要论述深入人心，人们喜闻乐见、耳熟能详。比如

《反对本本主义》关于马克思主义的"本本"要和中国实际相结合的论述,《实践论》《矛盾论》对马克思主义哲学的贡献,《新民主主义论》关于新民主主义革命理论的阐发,《改造我们的学习》关于"实事求是"的阐释,《论十大关系》关于"以苏为鉴"的思考,《关于正确处理人民内部矛盾的问题》关于两类矛盾的论述,等等。如何温故知新?如何常学常新?是新时代研读毛泽东经典著作需要认真思考的问题。

研读毛泽东经典著作,温故知新,常学常新,既要有历史眼光,又要有当代视野。其中毛泽东关于中国社会主义道路的探索与中国特色社会主义的内在关联与贯通即是一个尤为重要的问题,学术界特别关注。"毛泽东经典著作研读系列丛书"中社会主义建设时期的著作共有两篇,我们先来看《论十大关系》。从1956年2月14日起,毛泽东历时43天,先后听取了34个部委的工作汇报。4月25日和5月2日,毛泽东分别在中共中央政治局扩大会议和最高国务会议上讲话,并整理形成了著名的《论十大关系》这篇著作。《论十大关系》的主题是"以苏为鉴",探索适合中国情况的社会主义发展道路。《论十大关系》开宗明义地指出,"特别值得注意的是,最近苏联方面暴露了他们在建设社会主义过程中的一些缺点和错误,他们走过的弯路,你还想走?过去我们就是鉴于他们的经验教训,少走了一些弯路,现在当然更要引以为戒"。毛泽东1956年提出"十大关系",开始提出自己的建设路线,有我们自己的一套内容,开始找到一条适合中国的建设路线。1978年召开的党的十一届三中全会,拨乱反正,改革开放,中国进入了社会主义现代化建设的新时期。1982年9月1日,邓小平在党的十二大开幕词中提出,"走自己的路,建设有中国特色的社会主义,这就是我们总结长期历史经验得出的基本结论",从而高举起中国特色社会主义的伟大旗帜,坚定不移地走中国特色社会主义发展道路。经过长期的不懈奋斗和接力探索,中国特色社会主义进入新时代。我们再来看《关于正确处理人民内部矛盾的问题》，这是1957年2月毛泽东在最高国务会议上（作）的报告。他强调必须区分敌我矛盾和人民内部矛盾这两类不同性质的矛盾，还提出了正确处理人民内部矛盾的一系列具体方法，比如"统筹兼顾，适当安排""百花齐放，百家争鸣""互相监督，长期共存"等等。这些论述实际上对已经开始尝试探索社会主义条件下的国家治理问题，具有重要意义。2019年10月召开的党的十九届四中全会是新中国成立以来、改革开放以来第一次专门集中研究坚持与完善中国特色社会主义制度、推进国家治理体系和治理能力现代化重大问题的党的中央全会，会议审议通过了《中共中央关于坚持和完善中国特色社会主义制度 推进国家治理体系和治理能力现代化若干重大问题的决定》(以下简称《决定》)。《决定》从战略上回答了"坚持和巩固什么、完善和发展什么"的重大时代课题，体现了清醒的制度自觉、坚定的制度自信、强烈的制度创新，开辟了"中国之治"的新境界。

序

研读毛泽东经典著作,温故知新,常学常新,必须紧扣马克思主义中国化时代化这条主线。马克思主义中国化时代化是中国共产党人的伟大创造,马克思主义中国化时代化这个命题的提出本身就体现了中国共产党人的理论自觉和文化自信。马克思主义从传入、传播到中国化是个过程,这个过程产生了中国化马克思主义这个结果。"毛泽东经典著作研读系列丛书"收入10多部关于毛泽东经典著作的研读之作,时间涵盖了从第一次国内革命战争时期到社会主义建设时期,但是仔细看一下,还是延安时期居多。为什么?就是因为延安时期形成了毛泽东思想,实现了马克思主义的中国化。从延安时期马克思主义中国化来看,既有哲学理论层面的,即《实践论》《矛盾论》的理论阐发;也有思想路线层面的,即提出实事求是的思想路线;还有实际工作层面的,即阐述军事辩证法、统一战线的辩证法、领导方法和工作方法的辩证法;等等。马克思主义不仅和中国哲学、中国文化结合,马克思主义基本原理同中国具体实践相结合，同中华优秀传统文化相结合，而且具体运用于实际工作的各个方面，渗透于军事、统战、党建等各个领域，表明马克思主义已经与中国哲学、中国文化、中国实践结合并开始融为一体，马克思主义具有了中国特性、中国作风、中国气派。马克思主义中国化后，它既是马克思主义的，也是中国的。概而言之，1937年毛泽东《实践论》《矛盾论》对马克思主义哲学的贡献，1938年10月毛泽东在党的六届六中全会上关于"马克思主义中国化"的论述，1940年毛泽东《新民主主义论》关于新民主主义革命理论的阐发，1945年党的七大将毛泽东思想确立为党的指导思想，等等，标志着延安时期实现了马克思主义中国化。马克思主义从传入时的翻译介绍，到传播时的研究阐释，再到中国化时的全面实践，马克思主义中国化这个过程产生了中国化马克思主义这个结果，形成了毛泽东思想这个马克思主义中国化的表现形态。

序

研读毛泽东经典著作,温故知新,常学常新,必须牢牢把握毛泽东思想活的灵魂。毛泽东思想活的灵魂是贯穿其中的立场、观点、方法,有三个基本方面,即实事求是、群众路线、独立自主。实事求是是毛泽东思想的根本点、出发点,是党的思想路线的核心,是最重要的思想方法、认识方法、工作方法、领导方法。毛泽东在《改造我们的学习》中指出,"'实事'就是客观存在着的一切事物,'是'就是客观事物的内部联系,即规律性,'求'就是我们去研究"。实事求是的基本内涵就是从客观事物中认识和把握客观规律,尊重规律,一切从实际出发,理论与实际相结合。实事求是是中国共产党人的基本要求和看家本领,必须时时处处牢记于心,付之于行。今天讲实事求是,就要深刻把握世情国情党情的变化,深刻认识世界百年未有之大变局,以中国式现代化全面推进中华民族伟大复兴。群众路线是我们党的生命线和根本工作路线,体现了马克思主义关于人民群众是历史创造者的基本原理和党全心全意为人民服务的根本宗旨。今天讲群众路线，就要秉持人民至上的价值立场，坚持以人民为中心的发展思想。坚持人民主体地位，坚持和完善人民当家作主的制度体系，建设人民满意的服务型政府。顺应民心，尊重民意，关注民情，致力民生。有效对接民众生活，体察群众生活感受，加强普惠性、基础性、兜底性民生建设。满足人民日益增长的美好生活需要，把制度优势和治理效能更多更好地转化为人民的幸福感、获得感、安全感。独立自主是我们党从中国实际出发，依靠党和人民力量进行革命、建设、改革的必然结论。不论过去、现在和将来，我们都要把国家和民族发展放在自己力量的基点上，坚持民族自尊心和自信心，坚定不移走自己的路。今天讲独立自主，就要一以贯之坚持和发展中国特色社会主义，坚决维护国家主权、安全。坚持自主创新，把关键技术、核心技术牢牢掌握在自己手中，赢得国际竞争的战略主动和比较优势。

序

研读毛泽东经典著作，温故知新，常学常新，必须着力于发展当代中国马克思主义。毛泽东思想实现了马克思主义中国化的第一次历史性飞跃，中国特色社会主义理论体系实现了马克思主义中国化新的飞跃，习近平新时代中国特色社会主义思想是当代中国马克思主义、21世纪马克思主义，是中华文化和中国精神的时代精华，开辟了马克思主义中国化时代化新境界，实现了马克思主义中国化时代化新的飞跃。新时代推进马克思主义中国化的重大课题和主要任务，就是发展当代中国马克思主义，学思践悟习近平新时代中国特色社会主义思想。如何发展当代中国马克思主义，习近平总书记有系统论述和深刻阐释：一是强调坚持用马克思主义观察时代、把握时代、引领时代。二是明确提出了当代中国马克思主义、21世纪马克思主义的重大概念，特别重视和强调原创性贡献、标识性概念、引导性范畴，强化马克思主义研究的自主性、独创性、原创性、标识性。三是突出马克思主义的整体性，贯通哲学、政治经济学、科学社会主义，把马克思主义哲学作为看家本领，构建中国特色社会主义政治经济学，推动新时代中国特色社会主义不断发展。四是坚持政治性和学理性相统一，打通政治性话语与学术性话语的话语壁垒。坚持马克思主义在意识形态领域的指导地位，构建中国特色哲学社会科学的学科体系、学术体系、话语体系。五是加强中国道路的学术阐释、学术表达，用中国理论解读中国道路。增强理论自觉，坚定理论自信，讲好中国故事，加强中国话语的国际传播。

习近平总书记指出，"我们党依靠学习创造了历史，更要依靠学习走向未来"。面对波诡云谲、纷繁复杂的国际形势，面对世所罕见、时所罕见的风险挑战，如何统筹两个大局，保持战略定力，把自己的事情做好，就要在常学常新中加强理论修养，在知行合一中主动担当作为。"毛泽东经典著作研读系列丛书"的出版，有助于我们对毛泽东经典著作的研读，将会给我们带来新的感悟和思考，让我们从历史中得到启迪，从经典中汲取智慧，从学习中走向未来。

郭建宁

清华大学马克思主义学院特聘教授

习近平新时代中国特色社会主义思想研究院研究员

北京大学马克思主义学院原院长

2023年5月

目 录

第一章
写作背景

一、经过长期实践探索,党的执政思路和工作重心由"革命"转向"建设" / 003

二、国内群众"闹事"风潮后,党对社会主义社会矛盾产生从"无"到"有"的新认识 / 008

三、苏共"二十大"和"波匈事件"后,党对解决社会主义社会矛盾方式从"专政"转向"民主" / 014

四、冷战趋向缓和与第三次科技革命兴起,社会主义阵营对社会主义建设模式的探索由"单一"转向"多元" / 020

第二章
版本考据
一、文本生成历程 / 027

二、历次修改情况 / 038

三、国内外刊布情况 / 046

第三章
关于社会主义社会矛盾的基本理论
一、系统论述社会主义社会矛盾的基本问题 / 055

二、鲜明区分社会主义社会两类不同性质的矛盾 / 074

三、把正确处理人民内部矛盾作为国家政治生活的主题 / 089

- **第四章**

  关于正确处理人民内部矛盾的方针方法

  一、一个总原则:"团结—批评—团结" / 115

  二、几个领域的具体方法 / 121

- **第五章**

  意义与启示

  一、历史意义 / 177

  二、现实启示 / 195

第一章

写作背景

《关于正确处理人民内部矛盾的问题》一文成于我国社会主义社会建设之初，1956年社会主义改造完成后国内主要矛盾和主要任务发生根本性转变，加之国际共产主义运动遭遇波折，人民内部性质的各类矛盾集中涌现。面对风云变幻的国内外形势，正确认识和处理日渐突出的人民内部矛盾成为党和国家面临的历史性课题。为进一步厘清矛盾、统一思想、凝聚共识，经过长期酝酿和积累，《关于正确处理人民内部矛盾的问题》应运而生。

一、经过长期实践探索，党的执政思路和工作重心由"革命"转向"建设"

近代以来，中国逐渐沦为半殖民地半封建社会，中国社会主要矛盾发生深刻变化。对社会主要矛盾的把握，是分清主要敌人，取得民族独立和民族解放的根本前提。中国共产党成立以来，吸取旧民主主义革命失败的教训，首先深刻把握住了中国社会的主要矛盾，并把解决社会主要矛盾作为革命、奋斗的主要方向。随着新民主主义革命的胜利，中华民族与帝国主义的矛盾、人民大众和封建主义的矛盾已经基本解决。抗美援朝、镇压反革命、土地改革三大任务取得胜利，我国恢复国民经济的任务提前完成，"三反""五反"运动也基本完成。这些转变都在客观上要求党进行生产关系改造，逐步摆脱具有过渡性质的新民主主义社会形态，进入以公有制为主体的社会主义社会。在这种背景下，摆在中国共产党面前最主要的任务，就是继续进行全国范围的大规模经济建设，正确处理生产力和生产关系的矛盾，进一步确立和巩固社会主义基本制度。

社会主义改造，也就是社会主义革命以极广阔的规模和极深刻的程度展开起来。[①]1953年6月15日,毛泽东在中共中央政治局会议上讲道:"过渡时期充满着矛盾和斗争,是变动很剧烈很深刻的时期。我们现在的革命斗争,甚至比过去的武装斗争还要深刻,要在十年到十五年使资本主义绝种。"[②] 当时认为,过渡时期社会的主要矛盾是工人阶级与民族资产阶级之间的矛盾。对此,毛泽东提出:"在打倒地主阶级和官僚资产阶级以后,中国内部的主要矛盾即是工人阶级与民族资产阶级的矛盾,故不应再将民族资产阶级称为中间阶级。"[③] 这就需要国家进行适当的政策调整,在保证工人阶级利益的前提下,有步骤地对资本主义工商业进行社会主义改造,从而彻底解决工人阶级和民族资产阶级之间的矛盾。可以说,我国对农业、手工业、资本主义工商业生产资料私有制改造,本身就是一种解决矛盾的形式,就是正确处理人民内部矛盾的一次探索。

1956年,社会主义改造顺利完成,实现了我国生产关系由私有制到公有制的伟大变革,为我国社会主义建设提供了根本政治保证。同时,我国历史发展进入了

[①]《毛泽东文集》第7卷,人民出版社1999年版,第1页。
[②] 逄先知、金冲及主编:《毛泽东传(1949—1976)》上册,中央文献出版社2003年版,第255页。
[③]《毛泽东文集》第6卷,人民出版社1999年版,第231页。

一个新阶段，主要矛盾和主要任务也随之发生变化，表现在面临"两个转变"：一是民主革命时期和社会主义革命时期那种大规模的急风暴雨式的阶级斗争已基本结束，主要矛盾由阶级斗争转向人民内部的斗争，人民内部矛盾逐渐凸显并占上风。因此，如何正确处理人民内部矛盾逐渐成为国家政治生活的重要内容被提上日程。正如周恩来所指出的，为什么在现在，毛主席在最高国务会议扩大会议上提出正确处理人民内部矛盾问题？就是因为我们革命阶段过去了，或者说基本上过去了。①二是根本任务已经由解放生产力转变为在新的生产关系下面保护和发展生产力。新时期社会发展的重点应由革命转向建设，主张"向自然界开战"，建设和发展我们的经济和文化。基于此，党必须正确处理好新时期的人民内部矛盾，从而为生产力的发展提供有力保障。比如，正确处理好生产和分配、积累和消费的矛盾以解决好社会生产和社会需要之间的矛盾；正确处理好工人与农民、工人阶级内部的矛盾以解决好工业化进程中所面临的其他问题；正确处理好国家利益、集体利益与个人利益之间的矛盾以取得社会分配上的平衡；等等。这些

---

① 薄一波：《若干重大决策与事件的回顾》（修订本）下卷，人民出版社1997年版，第588页。

均属于"人民内部矛盾"的范畴,需要我们正确认识、妥善处理。

社会主要矛盾和主要任务的转变,必然要分清楚"敌人"和"朋友",以便调动一切积极因素,团结一切可能团结的人,最大可能将消极因素转变为积极因素,凝聚建设社会主义社会的最广泛力量。1956年4月25日,毛泽东在中共中央政治局扩大会议上发表了《论十大关系》的重要讲话,他开宗明义讲道:"这十种关系,都是矛盾。"在分别阐释重工业和轻工业、农业的关系,沿海工业和内地工业的关系,经济建设和国防建设的关系,国家、生产单位和生产者个人的关系,中央和地方的关系,汉族与少数民族的关系,党和非党的关系,革命和反革命的关系,是非关系,中国和外国的关系等十大关系时,他指出:"我们的任务,是要正确处理这些矛盾。"就是要把国内外一切积极因素调动起来,为社会主义事业服务。1957年5月2日,《人民日报》发表了根据毛泽东意见撰写的《为什么要整风》的社论,文中指出,所谓团结全体人民,所谓调动一切积极力量,将消极力量转化为积极力量,无非就是要正确处理人民内部的矛盾。在这里,正确处理人民内部矛盾同团结广大人民群众进行社会主义建设的关系已经非常明确,而且也是一致的。

第一章　写作背景

1956年9月15日至27日，中共八大对我国社会主义条件下的主要矛盾及党和国家的中心任务作了集中概括。会议明确指出，国内的主要矛盾已经不再是工人阶级和资产阶级之间的矛盾，已经是人民对于建立先进的工业国的要求同落后的农业国的现实之间的矛盾，已经是人民对于经济文化迅速发展的需要同当前经济文化不能满足人民需要的状况之间的矛盾。这一矛盾的实质，在我国社会主义制度已经建立的情况下，也就是先进的社会主义制度同落后的社会生产力之间的矛盾。[1]为此，大会还提出现阶段我国的主要任务，已经由解放生产力转变为保护和发展生产力，就是要集中力量解决这个矛盾，把党和国家的工作重点转移到社会主义建设上来，同时坚持"既反保守又反冒进，在综合平衡中稳步前进"的经济建设方针，这是新中国成立后，首次把能否妥善处理好人民内部矛盾上升到社会主义建设成败关键的高度，有利于更好地发挥广大人民群众对社会主义建设的积极性、主动性和创造性。

---

[1]《建国以来重要文献选编》第9册，中央文献出版社1994年版，第341页。

二、国内群众"闹事"风潮后,党对社会主义社会矛盾产生从"无"到"有"的新认识

1956年被毛泽东称为"多事之秋"。不仅国际上共产主义运动风波迭起,国内也在下半年出现了一些新的社会问题。究其原因,主要是由于社会主义改造快速完成,经济建设方面急躁冒进,社会上出现了一些生产资料和生活资料供应紧张的情况,同时也暴露出一些严重的问题,部分地区接连产生了许多不安定因素。城市中因粮食、肉类和日用品短缺,工人罢工、学生罢课、游行示威等群体性事件随之增多。从1956年下半年到1957年,发生多起工人罢工和学生罢课事件。广东、浙江、江西、安徽、河南、山西、河北、辽宁等省的农村则出现了合作社社员闹退社风潮。比如,这一年浙江省农村发生请愿、殴打、哄闹等事件千余起,广东省农村先后有十一二万户退社。甚至有人在闹事过程中公开提出要来一个"匈牙利",形势的严峻程度是党始料未及的。

随着敌我矛盾在国内基本解决,人民内部的矛盾开始比过去显露了。面对新形势下出现的一些新情况,许

多同志缺乏思想准备，在处理具体问题上处于被动地位。部分党员、干部仍习惯于用革命时期的老经验老办法对待建设时期的新矛盾新问题，把群众对政府的批评意见和少数闹事行为一概视为阶级斗争，甚至认为"好人不闹事，闹事没好人""凡是与政府闹事的就是敌我矛盾"，并试图用简单粗暴的办法加以压制。正如毛泽东所说，现在我们有些同志，对待人民内部问题动不动就想"武力解决"，这是非常危险的，必须坚决纠正的。[①]事实上，这种类似处理敌我矛盾的解决方法非但不能解决问题，还可能导致人民内部矛盾进一步激化，非常不利于党内团结和党同人民群众的团结。因此，如何正确认识和处理日渐突出的人民内部矛盾，就成为摆在毛泽东以及党中央面前的一个重大课题。

1956年4月，毛泽东在审阅《人民日报》编辑部文章《关于无产阶级专政的历史经验》时加写了一段文字，指出共产党人对错误必须采取分析的态度，如同一个成绩出现了接着又创造新的成绩一样，一个缺点或错误克服了，新的缺点或错误又可能发生，又有待于我们去克服。他还引用了列宁的一段话，"公开承认错误，揭露错误的原因，分析产生错误的环境，仔细讨论改正

[①] 薄一波：《若干重大决策与事件的回顾》（修订本）下卷，人民出版社1997年版，第591页。

错误的方法——这才是郑重的党的标志，这才是党执行自己的义务，这才是教育和训练阶级，以至于群众"①。

1956年11月，在中国共产党八届二中全会小组长会议上，毛泽东指出，国内阶级矛盾已经基本解决，但是应该注意仍然存在的一部分反革命分子的活动。对于资产阶级分子和知识分子的旧思想和旧习惯的改造，要在巩固团结他们的方针下，继续进行长期的教育。要知道，在人民方面来说，历史上一切大的民主运动，都是用来反对阶级敌人的。②人民内部的问题和党内问题的解决方法，不是采用大民主而是采用小民主，"现在搞大民主不适合大多数人民的利益。有些人对别人总想用大民主，想整人，到了整自己，民主就越小越好"③。随后，毛泽东又在中共八届二中全会上的总结发言中再次强调，人民内部矛盾要用批评和自我批评的方法来解决，而不是用武力来解决。同时他郑重宣布："我们准备在明年开展整风运动。整顿三风：一整主观主义，二整宗派主义，三整官僚主义。"

1957年1月18日至27日，中央召开省市自治区党

---

① 《毛泽东文集》第7卷，人民出版社1999年版，第20页。
② 《建国以来毛泽东文稿》第6册，中央文献出版社1992年版，第245—246页。
③ 《毛泽东文集》第7卷，人民出版社1999年版，第264页。

委书记会议。毛泽东在会上指出,发生少数人闹事,有些是由于领导上存在着官僚主义和主观主义,在政治的或经济的政策上犯了错误。还有一些不是政策不对,而是工作方法不对,太生硬了。再一个因素,是反革命分子和坏分子的存在。[1] 接着,在2月27日最高国务会议上的讲话中他又强调,反革命是有的,但是很少了。这些闹事不能说主要是反革命,而主要是我们工作中的缺点,我们不会教育,我们不会领导。对此,刘少奇也指出,总起来讲,领导机关的官僚主义是引起闹事的原因。[2] 显然,当时党中央对形势的分析是准确的,主张把工人罢工、学生罢课、农村干群矛盾等一系列问题的直接动因,归结为官僚主义盛行。

社会上的问题不断出现,涉及的领域也越来越宽。在理论界,思想活跃的知识分子也对党和政府的一些工作提出了尖锐批评,非党知识分子更是产生潜在的抵触情绪,文艺界也出现了不少怀疑倾向,特别是对党提出的思想领域、精神生活领域的方针政策持否定或者抵触态度。在1956年4月、5月先后召开的中央政治局扩大会议和最高国务会议上,毛泽东鲜明提出"百花齐

---

[1] 中共中央文献研究室编:《毛泽东年谱(一九四九——一九七六)》第3卷,中央文献出版社2013年版,第70页。
[2]《刘少奇选集》下卷,人民出版社1985年版,第306页。

放、百家争鸣"的方针,支持艺术上不同的形式和风格可以自由发展,科学上不同的学派可以自由争论,人民内部的思想问题、精神世界的是非问题,不能用简单的方法、压服的方法去解决。但是,党内外仍有一部分人对这一方针不大赞成或持怀疑态度。毛泽东在1957年2月27日最高国务会议上的讲话中谈道,我们许多干部中间,实际上不赞成中央的这个方针。高级干部中十个有九个不赞成或半赞成,或者不甚通。真正通的、真正认为这个方针是正确的是少数,所以很需要做工作,做说服工作。

同样,一些知识分子也对"双百"政策提出不同意见。1957年1月7日,解放军总政治部文化部的陈其通、陈亚丁、马寒冰、鲁勒四人联名在《人民日报》上发表了《我们对目前文艺工作的几点意见》一文。文章说,在过去的一年中,为工农兵服务的文艺方向和社会主义现实主义的创作方法,越来越少有人提倡了。有些人认为描写工农兵题材太狭窄,企图用"题材广泛论"来代替为工农兵服务的文艺方向;有些人认为国家已进入社会主义建设的新时期,只需要强调"百花齐放、百家争鸣",为工农兵服务的方向就可以不必强调了,结果真正反映当前重大政治斗争的主题有些作家不敢写了,也很少有人再提倡了,使文学艺术的战斗性减弱了，时代的面貌模糊了，时代的声音低沉了，社会主义建设的光辉在文学艺术这面镜子里光彩暗淡了。①毛泽东对此提出尖锐批评，认为文章对形势的估计是错误的，其思想方法是教条主义、形而上学、片面性的，说他们的言论是"阻止'百花齐放、百家争鸣'""方法不对—粗暴不讲理""不相信人民有鉴别力量"。②

面对思想文化战线出现的动摇情绪和党内出现的反对声音，毛泽东主张：一是对知识分子和民主人士要继续进行思想改造，现在有一种偏向，就是重安排不重改造，百花齐放、百家争鸣一来，不敢去改造知识分子了。③二是百花齐放，还是要"放"。农民需要年年跟田里的杂草作斗争，我们党的作家、艺术家、评论家、教授，也需要年年跟思想领域的杂草作斗争。1957年2月26日，毛泽东在中南海颐年堂召集中央报刊、作家协会、科学院和青年团的负责人开会。会议的主题就是如何在思想领域正确处理人民内部矛盾，主张开展积极健康的学术争鸣和思想交锋。

---

① 《我们对目前文艺工作的几点意见》，《人民日报》1957年1月7日，第7版。
② 薄一波：《若干重大决策与事件的回顾》（修订本）下卷，人民出版社1997年版，第593页。
③ 中共中央文献研究室编：《毛泽东传》第4册，中央文献出版社2011年版，第1580页。

三、苏共"二十大"和"波匈事件"后，党对解决社会主义社会矛盾方式从"专政"转向"民主"

1956年2月，苏联共产党举行第二十次代表大会（以下简称苏共"二十大"），赫鲁晓夫在大会闭幕前夕作了长达四个半小时题为《关于个人崇拜及其后果》的秘密报告。该报告揭露和批判了斯大林搞个人迷信、破坏法治、肃反扩大化、以非人道的方法处理民族问题和国际关系问题等一系列严重错误，全盘否定斯大林的社会主义发展模式。6月4日，美国国务院首先发表了赫鲁晓夫的秘密报告，《纽约时报》于当日转载了报告全文。随即，在全世界范围内尤其在社会主义国家内部引起强烈震动。美国等西方国家借机在全世界掀起一股反苏、反共的潮流，一些资本主义国家的共产党员纷纷要求退党；许多社会主义国家引发对斯大林的争议以及对共产主义信仰的动摇，国际共产主义运动处于异常艰难的境地。就苏共"二十大"对斯大林进行的批判，毛泽东坚持反对全盘否定斯大林，他认为赫鲁晓夫在这个问题上"捅了娄子"。他强调应遵循实事求是的原则来评价斯大林的功过，其错误的一面必须纠正，但正确的一面不能抹杀。与此同时，毛泽东认为赫鲁晓夫的报告打破了神话主义，为我们"揭了盖子"，是一场"解放战争"，"大家都敢讲话了，使人能想问题了"。①

毛泽东主张认真反思和吸取斯大林的教训，重新考虑和解决中国自己的问题，在社会主义建设中少走弯路错路。1956年3月，毛泽东主持召开中央政治局会议，起草《关于无产阶级专政的历史经验》，针对赫鲁晓夫秘密报告和斯大林问题展开讨论。毛泽东敏锐地看到斯大林所犯的一个重要错误就是否认社会主义社会存在矛盾，指出，"否认矛盾存在，就是否认辩证法；社会主义社会的发展也是在生产力和生产关系的矛盾中进行着的"②。他还强调，不要迷信在社会主义国家里一切都是好的，"过去认为苏联是没有错误的，现在斯大林问题出来了，许多人就惊讶不止。世界是美丽的，但也不是美丽的，世界上有斗争、有矛盾。希望一切都是好的，这是我们的主观，而现实是客观"③。

苏共"二十大"之后不久，东欧相继发生了波兰事

---

① 《毛泽东文集》，第7卷，人民出版社1999年版，第127页。
② 《建国以来重要文献选编》第8册，中央文献出版社1994年版，第231页。
③ 《毛泽东文集》，第7卷，人民出版社1999年版，第69页。

件和匈牙利事件（简称"波匈事件"）。1956年6月，波兰政府在处理工人罢工问题上存在严重的官僚主义，对人民群众在政治、经济上的要求估计不足，致使矛盾不断激化，罢工、游行示威最终演变为一场骚乱和流血冲突，导致发生波兹南事件。随后，波兰统一工人党在7月召开的七中全会上深刻总结波兹南事件的教训，提出进一步加强党和国家政治生活民主化和社会主义法制等改革措施。在10月召开的八中全会上改组政治局，选举哥穆尔卡为第一书记。这就引起了赫鲁晓夫等苏共领导人的高度警惕，并准备出面干涉波兰党和国家事务。自此，苏、波两国冲突不断。为抗议苏联的粗暴态度和大国沙文主义行为，波兰人民群众又一次示威游行，公开支持哥穆尔卡为首的波兰党中央，波兰事件爆发。

10月21日、22日，毛泽东在中南海颐年堂先后召集中央政治局常委扩大会议和政治局会议，专门讨论波兰问题。同时，党中央决定应苏共中央邀请，派出由刘少奇、邓小平、王稼祥、胡乔木组成的中共代表团前往莫斯科，同苏共中央商议解决办法。在北京，毛泽东约见苏联驻华大使尤金，表明中共中央对波兰问题的立场和意见。毛泽东建议苏联应在平等的基础上同波兰合作，避免采取武装干涉的硬办法，争取波兰留在社会主义阵营和华沙条约组织里面。之后不久，苏共中央改变了之前解决波兰问题的态度和方针,从波兰撤军,并承认改组后的波兰党中央和哥穆尔卡担任党的第一书记,波兰形势有所缓和。

形势在不断蔓延,波兰统一工人党中央改组的消息传到匈牙利后,匈牙利劳动人民党党内外人士纷纷要求效法波兰,主张摆脱苏联控制,走独立发展的道路。匈牙利国内一些反共势力也乘机煽动人民的不满情绪。10月23日,匈牙利首都布达佩斯爆发了20万人参加的示威游行,游行群众在一些反动分子的煽动下提出反政府口号,占领电台和一些军事场所,冲击劳动人民党党政机构。随着局面失控,群众游行逐渐演变为一场反动暴乱行动。10月30日,匈牙利局势进一步恶化,纳吉政府宣布退出华沙条约组织,废除人民民主专政体制并以多党制代之,暴乱分子残酷袭击保安队人员和共产党员,无政府状态导致全国一片混乱。

从10月24日开始,毛泽东连续主持召开中央政治局会议和政治局扩大会议,讨论波兰问题和匈牙利问题,并同还在苏联的刘少奇保持联系。29日,毛泽东指示刘少奇,向苏联提出对其他社会主义国家政治、经济发展采取放开政策的建议,让这些国家独立自主走社会主义道路。刘少奇向苏方转达了毛泽东的建议,并谈道:"我听毛泽东同志讲过,在社会主义国家之间,也可以实行和平共处五项原则。"30日,苏联政府发表《关于发展和进一步加强苏联同其他社会主义国家的友谊和合作的基础的宣言》,表示愿意接受中方意见,同其他社会主义国家和平共处。后来,随着匈牙利事件的逐步恶化,苏共领导人决定放弃之前的声明,武装进攻匈牙利。匈牙利国内局势也因苏联军队的进驻而趋于缓和。

11月10日至15日召开的中共八届二中全会,主题是讨论时局问题。毛泽东作了总结讲话。他提醒参会同志,要以苏共"二十大"和"波匈事件"为鉴戒,着重指出,"世界充满着矛盾",现在,在所有制方面同民族资本主义和小生产者的矛盾基本上解决了,别的方面的矛盾又突出出来了,新的矛盾又发生了。他强调,以后凡是人民内部的事情,党内的事情,都要用整风的方法,用批评和自我批评的方法来解决,而不是用武力来解决;我们主张和风细雨……在人民内部,对犯错误的人,都用保护他又批评他的方法,这样就很得人心,就能够团结全国人民,调动六亿人口中的一切积极因素,来建设社会主义。

从11月下旬开始,毛泽东主持召开中央政治局常委扩大会议讨论"波匈事件",主持起草《再论无产阶级专政的历史经验》并进行多次修改。他强调,既要解决敌我矛盾，又要解决人民内部矛盾。人民内部矛盾不仅存在，而且如果处理不当，还可能由非对抗性矛盾发展成为对抗性矛盾。"波匈事件"给国际共产主义运动造成巨大冲击，同时也充分暴露出社会主义社会存在各种矛盾。经过多次会议讨论和思考分析，毛泽东尖锐地指出了"波匈事件"产生的几个原因：官僚主义，脱离群众，工业方针错误，工人减薪，资本家简单地被打倒，知识分子未被改造，反革命分子没有镇压等。[1] 在毛泽东看来，正是对社会主义社会内部矛盾处理方式不当，才直接导致了"波匈事件"发生。因此，我们要引以为戒，正确处理好我国社会主义建设过程中出现的各类矛盾，尤其是人民内部矛盾。

苏共"二十大"和"波匈事件"警示世界各社会主义国家，如果不能很好地处理社会矛盾特别是人民内部矛盾，社会主义制度将无法巩固、社会主义建设将无法顺利进行，它对中共中央造成很大的思想冲击，也直接引发了我们党对社会矛盾处理方式的思考，毛泽东提出，要好好总结一下社会主义究竟如何搞法，矛盾总是有的，如何正确处理和解决这些矛盾，需要我们认真研究。

---

[1]《建国以来毛泽东文稿》第6册，中央文献出版社1992年版，第361页。

四、冷战趋向缓和与第三次科技革命兴起，社会主义阵营对社会主义建设模式的探索由"单一"转向"多元"

20世纪50年代中期，资本主义和社会主义两大阵营之间的冷战初现缓和趋势。1953年1月，美国新任总统艾森豪威尔调整对苏政策，对东欧国家由原来的"遏制政策"改为"解放政策"，一改之前战争手段，推出"和平演变"策略，企图把东欧从苏联的控制中解脱出来。军事上用"大规模报复战略"取代"军事遏制战略"，奉行"战争边缘"政策，并在东亚签订一系列军事条约。苏联方面，自1950年代中后期赫鲁晓夫上台之后，改变了斯大林时期对美积极防御方针，开始推行同美国争取霸权的方针政策。苏共"二十大"提出"三和"外交政策，同美国等西方国家进行"和平共处""和平竞赛"，通过"和平过渡"让第三世界国家走上非资本主义的发展道路，并把它们纳入自己的战略轨道中来。赫鲁晓夫的目标策略是缓和冷战开始以来僵硬的美苏关系，实现"美苏合作"，共同主宰世界政治经济新格局。两个超级大国之间局势的缓和为社会主义阵营国家全面发展提供了一个相对和平稳定的国际环境。

第二次世界大战之后到20世纪50年代中期，以原子能、电子计算机、空间技术和生物工程的发明和应用为标志的第三次科技革命兴起，不仅推动了世界经济、政治、文化等各领域的变革，也影响了人类的生产方式、生活方式和思维方式。一方面，资本主义国家为适应社会化大生产的客观需求，在资本主义制度范围内，调整生产关系和上层建筑，缓和各阶层矛盾，以适应第三次科技革命，逐步进入了一个经济社会发展的相对稳定期，生产力发展水平有了突飞猛进的提升；另一方面，由于社会主义革命大多发生在经济文化相对落后的国家，因此如何在落后国家更好地进行社会主义建设，吸收借鉴资本主义国家先进生产方式，成为摆在社会主义阵营国家面前的重大课题。

苏联在20世纪30年代中期形成经济上高度集中、政治上高度集权的"斯大林模式"，一时成为传统的"权威的"社会主义建设模式。苏联模式在相当长的一个时期内，被其他社会主义国家当作社会主义发展的样板，被神圣化、绝对化、凝固化。这种封闭僵化的政治经济体制，也为之后苏联和其他社会主义国家的社会主义建设埋下了隐患。随着冷战局势趋向缓和以及第三次科技革命的兴起，社会主义阵营出现了从各国具体国情出发建设社会主义的强烈呼声。各社会主义国家在建设过程中，逐渐认识到高度集中的政治经济体制阻碍了科学技术的进步和经济的发展，因而从理论上进行了不同程度的反思，并先后进行社会主义体制改革，希望突破苏联模式的束缚，开始探寻适合本国特点的具体道路。因此先后出现了波兰的"分权模式"、东欧的"锡克模式"、南斯拉夫的"市场模式"和匈牙利的"计划市场模式"等探索实践。

以毛泽东同志为主要代表的党的第一代中央领导集体开始反思斯大林时期苏联社会主义模式的经验教训，积极探索中国的社会主义建设道路。一方面"以苏为戒"，毛泽东在1956年4月初召开的中央书记处会议上谈道，对苏共"二十大"应采取的正确态度，其中最重要的教益是独立自主，把马克思列宁主义的基本原理同中国革命和建设的具体实际相结合。民主革命时期，我们在吃了大亏之后才成功地实现了这种结合，取得了中国新民主主义革命的胜利。现在是社会主义革命和建设时期，我们要进行第二次结合，找出在中国怎样建设社会主义的道路……如在农业合作化的建设上考虑能否不用或者少用苏联的拐杖，不像第一个五年计划那样照搬苏联的一套，自己根据中国的国情，建设得又多又快又好又省。现在感谢赫鲁晓夫揭开了盖子，我们应从各方面考虑如何按照中国的情况办事,不要再像过去那样迷信了。[①]另一方面"以苏为鉴",毛泽东指出,"对苏联的东西还是要学习,但要有选择地学,学先进的东西,不是学落后的东西。对落后的东西是另一种学法,就是不学。……世界上所有国家的有益的东西,我们都要学。找知识要到各方面去找,只到一个地方去找,就单调了"。[②]1956年4月的《论十大关系》开始提出我们自己的建设路线,"原则和苏联相同",但"方法有所不同""有我们自己的一套内容"。[③]在坚持社会主义正确发展方向的前提下,汲取苏联模式的有益经验,规避单一模式的错误弊端,积极探索与我国国情相适应的社会主义建设道路。

---

① 吴冷西:《忆毛主席——我亲身经历的若干重大历史事件片段》,新华出版社1995年版,第9—10页。
② 《毛泽东文集》,第7卷,人民出版社1999年版,第192页。
③ 《毛泽东文集》,第7卷,人民出版社1999年版,第369—370页。

第二章

版本考据

《关于正确处理人民内部矛盾的问题》的最初版本是毛泽东1957年2月在最高国务会议上的讲话稿，先后有两个阶段的多轮修改，经历了一个深化探索、反复思考、日臻完善的过程，定稿于1957年6月在《人民日报》正式发表。其刊布发行有单行本、汇编本、选读本、译本等多种形式，在国内外引起广泛关注和思想共鸣。

一、文本生成历程

《关于正确处理人民内部矛盾的问题》一文,根据毛泽东在1957年2月27日最高国务会议第十一次(扩大)会议上的讲话记录,经过修改、补充、整理而成,原题为《如何处理人民内部的矛盾》,这也是《关于正确处理人民内部矛盾的问题》的最初版本。

2月27日,最高国务会议的讲话从下午3时讲到将近7时,1800多人出席会议聆听,气氛空前活跃。会前,毛泽东起草了一份题为《如何处理人民内部的矛盾》的讲话提纲,提纲共计1970字,探讨十二个问题,全文如下:[1]

---

[1]《建国以来重要文献选编》第10册,中央文献出版社1994年版,第54—60页。

如何处理人民内部的矛盾(讲话提纲)

(一九五七年二月)

毛泽东

(一)两类矛盾:敌对阶级之间,人民内部之间性质不同,处理方法不同。

首先,分清敌我,分清是非。

人民日报的文章,说的是国际方面。

专政制与民主集中制。

大民主与小民主。

早一点取消专政吗?

专政所适用的范围。

民主是目的吗?没有抽象的自由,只有阶级的具体的自由。

思想问题,人民内部的问题不能采用粗暴的方法——行政命令的方法和武断压制的方法。

民族资产阶级放在哪一类?

新问题:马恩,列,斯大林。

本来容易混淆:右的——不分敌我,认敌为我;"左"的——过分强调敌我,又将第二类误为第一类。

1942年提出的"团结—批评—团结"方针,后来推广于党外,逐步发展到整个人民内部,发展到解除武装的敌人,1956年五月十大关系。

(二)肃反

比较起来,我国做得最好,比苏联,比匈牙利。

有反必肃,有错必纠。

过火与漏斗都有。

群众肃反与公安部肃反。

今年和明年应来一次大检查,全面总结一次。中央由人大常委与政协常委主持,地方由省市人委与政协主持。

还有反革命,但是不多了。

是否应当大赦?

(三)社会主义改造——合作化

合作化没有优越性吗?

应支持农民,反对歪风。

争取五年内巩固合作社,接近或达到富裕中农水平,习惯于集体生活。

生活已有改善——七年增产1400亿斤,平均60元。

还有百分之几到十几的缺粮户,有的地方已无缺粮户。

几年内不增加征购量,逐步取消农村统销,粮、肉、油自给（一般）。

（四）资本主义改造

也有一股风，说是资本家不改造了，工人也有两重性。

工人、资本家已经一样了吗？

（五）知识分子和青年学生

有很大进步，也有歪风——波动，怪议论，想杀人，想学匈牙利，要大自由，讨厌马克思主义，只钻业务赚薪水。

要加强思想、政治工作，进一步改造自己。

（六）增产节约，反对铺张浪费

四年来，歪风又发展了。

（七）统筹兼顾，适当安排

这是战略方针——例如：救灾、统销、安排工商就业、统战安排等。

从六亿人口出发，节育。

去年就业近三百万。

广州、上海等处还有一些人失业。

百分之四十、四百万、八十万、九万人不能入学和安排就业问题。

（八）百花齐放，百家争鸣，长期共存，互相监督

两方面的斗争。

毒草不是香花，教条主义也不是香花。

老干部不能批评吗？

新老干部的关系：一视同仁，又不能一视同仁，领导核心。

种牛痘。

北京不能批吗？

钟惦棐、陈沂、陈其通、马寒冰。

马克思主义是和它的敌对思想作斗争发展起来。历史上的香花在开始几乎均被认为毒草，而毒草却长期被认为香花。香毒难分，马、列、达尔文、哥白尼、伽利略、耶稣、路德、孔子、孙中山、共产党、孙行者、薛仁贵。

马克思主义还要发展，如何发展？

从存在出发：六亿人口；小资产大王国，顽强地表现自己，野火烧不尽，春风吹又生；长期耐心的教育。

许多人实际上不赞成这个方针。

文章要有说服力，不能用形而上学的方法。

人民日报何时答复四个人？似乎毫无准备，也不请示。

这是一个人民内部教育自己和发展自己事业的方针。"无产阶级要解放自己，必需解放全人类"，"在阶级斗争中，改造剥削者，同时也改造了自己"。治病救人。

统一战线，长期共存，百花齐放，百家争鸣，治病救人，反对形而上学、教条主义——联系起来。

（九）如何处理罢工，罢课，游行示威，请愿
（十）闹事，出乱子，都不好吗？

罢工、罢课、游行、请愿、闹事的二重性。

匈牙利事件的二重性。

批判斯大林事件的二重性。

反苏反共事件的二重性。

生人死人的二重性。

美国不承认我们的二重性。

出现几篇错误文章的二重性。

没有大作品、好影片的二重性。

物极必反，不及则不反。

中国人穷与愚（不识字）的二重性。

外国人富与智（文化高）的二重性。

如果打三次世界大战，也有二重性。

国际间互相影响、互相渗透。

向坏处着想，打大战，怎么办？打败仗怎么办？打败仗就是打胜仗。

目前一个长时间内还不会，可能有十几年，可能

更长。

主要矛盾是帝国主义互争殖民地,互争亚非。

(十一)少数民族与大汉族民族问题,西藏问题

(十二)中国可能在三、四个五年计划内,初步地改变面貌

工业化的道路,可以和苏联有些不同。

重、轻、农的比例是否可以是六比一?重工业还是优先,但走新的道路是否比苏联那样(二十一年内增加1400万吨钢)工业化速度反而快些?如果给我们二十一年(从1950—1970),是否可以基本上工业化,而不止1800万吨钢(由90万吨开始)?

这个问题我们还缺少经验,总之要有广大市场,要看六亿至八亿人口。

还是要学习苏联。苏联不好吗?别国也要学,但谁给装备和技术呢?

十大关系:

(一)重与轻、农关系

(二)沿海与内地关系

(三)经济与国防关系

(四)国家与生产单位(工厂、合作社)与个人关系

(五)中央与地方关系

《关于正确处理人民内部矛盾的问题》研读

（六）汉族与少数民族关系

（七）共产党与民主党派及其他人关系（长期共存）

（八）敌我关系

（九）人民内部关系（是非关系），一家与百家关系（百家争鸣）

（十）中国与外国关系

根据会议讲话记录整理并发表的《关于正确处理人民内部矛盾的问题》与《如何处理人民内部的矛盾》（讲话提纲）所列的十二个方面基本一致，但编排次序和标题措辞略有调整，将第六个问题和第十二个问题的顺序作了对调，内容上也有部分删改，如删去了大民主与小民主的讨论、新老干部关系、批判斯大林事件的二重性等问题，同时增加了有关阶级斗争的论述等重要段落。

毛泽东关于正确区分和处理人民内部矛盾的学说经历了长期酝酿、积累和发展的过程，最终形成《关于正确处理人民内部矛盾的问题》这一经典名篇。正如1957年3月10日，毛泽东在同新闻出版界代表的谈话中指出："我在最高国务会议讲话所谈的问题，本来就在心里积累了很久。"① 1956年12月4日，毛泽东在给民主建国会主任委员黄炎培（任之）的复信中，围绕社会主义社会两类不同性质的矛盾形成了若干重要判断，提出面对"敌（特务破坏分子）我之间的"和"人民内部的（包括党派内部的，党派与党派之间的）"两种矛盾要用不同的揭露和解决方法，这是《关于正确处理人民内部矛盾的问题》的一个思想雏形。1957年1月18日至27日，中共中央在北京召开省市自治区党委书记会议，也称"一月会议"，毛泽东在会议的最后一天作了总结讲话，针对会议讨论情况和党内外思想动向问题，提出了七点：要足够地估计成绩；统筹兼顾，各得其所；国际问题；百花齐放，百家争鸣；闹事问题；法制问题；农业问题。除第三点国际问题外，其余六个问题，都成为后来发表的《关于正确处理人民内部矛盾的问题》的重要内容。

在1957年2月27日的会议讲话之后，毛泽东并未中止对人民内部矛盾相关问题的思考和探讨，他先后多次在规模不等、成员各异的会议上，讲到如何处理人民内部矛盾的问题，实际上也是《关于正确处理人民内部矛盾的问题》正式成文前的广泛调研和征求意见。

---

① 薄一波：《若干重大决策与事件的回顾》(修订本) 下卷，人民出版社1997年版，第600页。

《关于正确处理人民内部矛盾的问题》研读

1957年3月6日至13日，在北京召开的全国宣传工作会议，破例邀请了科学、教育、文学艺术、新闻、出版等领域的160多名党外人士参加，占全部与会者的五分之一，毛泽东再三强调，"人民内部矛盾如何处理对党也是一个新问题，需要与党外人士共同研究"①。会议主题即是传达毛泽东关于"如何处理人民内部的矛盾"的讲话，研究思想动向和意识形态方面的问题，认真贯彻"双百"方针等。会议期间，毛泽东还分别同宣传、教育、文艺、新闻出版、高等学校、科学等方面的几十位党内外代表人物举行了五场座谈会，进一步深化了他关于"如何处理人民内部的矛盾"问题的思考。

3月17日，毛泽东乘专列离开北京前往杭州，沿途在天津、济南、南京、上海等地的视察中，毛泽东以正确处理人民内部矛盾为主题，接连作了四场报告并听取意见，他戏称自己为"游说先生"，继续宣传并完善如何正确处理人民内部矛盾的相关课题，这期间几次演讲的许多内容，后来都被零星地补充到正式发表的《关于正确处理人民内部矛盾的问题》中。

4月30日，毛泽东在颐年堂主持召开最高国务会议第十二次会议，主题是开展全党整风运动，在讲话中，

---

① 《傅雷家书》（增补本），生活·读书·新知三联书店1994年版，第158页。

他强调,"整风总的题目是要处理人民内部矛盾,反对三个主义"①。此次整风最为直接的动因和目的即是想要了解掌握,党的各级领导干部特别是一把手干部对于正确处理人民内部矛盾的问题是否有清晰的认知和足够的重视,工作作风特别是对思想政治工作的作风是否开始转变,党和非党特别是知识分子之间的关系是否有所改变。

5月16日,毛泽东针对党外人士的批评意见作了专门指示,提出"自从展开人民内部矛盾的党内外公开讨论以来,异常迅速地揭露了各方面的矛盾。这些矛盾的详细情况,我们过去几乎完全不知道。现在如实地揭露出来,很好。……社会上有少数带有反共情绪的人跃跃欲试,发表一些带有煽动性的言论,企图将正确解决人民内部矛盾、巩固人民民主专政、以利社会主义建设的正确方向,引导到错误方向去"②。可见,毛泽东关于人民内部矛盾问题的思考在不断深化完善当中。

---

① 《中共党史重大事件述实》,人民出版社1993年版,第62页。
② 《建国以来重要文献选编》第10册,中央文献出版社1994年版,第272—273页。

二、历次修改情况

党内外各界人士都希望1957年2月27日最高国务会议的讲话能够有正式文本问世，以便更好地学习和掌握。毛泽东也高度重视党内外关于正确处理人民内部矛盾问题的宣传、讨论和执行情况，为正式发表《关于正确处理人民内部矛盾的问题》做好充分准备。4月10日，自最高国务会议第十一次（扩大）会议重要讲话后1月有余，毛泽东对《人民日报》《解放日报》等在"关于正确处理人民内部矛盾的问题"宣传工作上的滞后提出了严厉批评[1]，称"最高国务会议发了消息，为什么不发社论？消息也只有两行""共产党的报纸没有声音"，指出党报要及时宣传党的政策。4月19日，毛泽东亲自起草了一份党内指示，要求了解各级领导干部对正确处理人民内部矛盾问题的认识以及对整体形势的估计。4月26日，毛泽东针对《大公报》第一版在"全力以赴学会正确处理人民内部矛盾"的通栏标题下发表题为《广泛深入地学习正确处理人民内部矛盾》的社论写了

---

[1] 胡乔木：《胡乔木回忆毛泽东》，人民出版社1994年版，第23页。

批语:"《大公报》《中国青年报》的理论水平高于《人民日报》及其他京、津、沪各报,值得深省改进。"[1] 在《关于正确处理人民内部矛盾的问题》文本修改过程中,我国政治形势发生了极为重要的变化,特别是整风运动和反右派斗争对毛泽东的思想认识产生了巨大影响,这也反映在文本内容的历次增删和更正中。整个修改过程大致可以分为两个阶段,历时近两个月,先后共14次[2],每次修改既有理论升华之处也有细微改动之处,难以一一对照分析,本文仅就重要改动作择要对比。

(一)广泛深入调研及征求意见后的四次修改

1957年4月24日,根据胡乔木3月30日报送的讲话整理稿[3]底本,毛泽东开始了对正确处理人民内部

---

[1] 中共中央文献研究室编:《毛泽东年谱一九四九——一九七六》第3卷,中央文献出版社2013年版,第138页。
[2] 根据薄一波回忆,"共有15份稿子,就是说,一共修改了14次",参见薄一波:《若干重大决策与事件的回顾》下卷,中央党校出版社1993年版,第589页;根据《毛泽东传》计算则为13稿,参见逄先知、金冲及主编:《毛泽东传(1949—1976)》上册,中央文献出版社2003年版,第677—685、707页。
[3] 胡乔木的讲话整理稿基本保持了2月27日讲话记录稿的原貌,对文中的逻辑顺序作了简单梳理,对重复性内容作了删改,对口语化表达作了更正,另外增加了十二个小标题。

矛盾文本的修改工作。5月7日,毛泽东完成对此篇讲话稿的首次修改并将题目改为《关于正确处理人民内部矛盾的问题》,此后刊发的各种版本都沿用了这个题目。"自修稿第一稿"为之后的历次修改奠定了基本框架,确定了十二个小标题:(一)关于敌我之间的矛盾和人民内部的矛盾;(二)关于肃清反革命分子;(三)关于农业合作化;(四)关于资本家的改造;(五)关于知识分子和青年学生;(六)关于节约;(七)从六亿人口出发;(八)关于百花齐放、百家争鸣、长期共存、互相监督;(九)关于如何处理罢工、罢课等事件;(十)乱子是坏事还是好事?(十一)少数民族问题;(十二)关于中国工业化的道路。5月8日,毛泽东又密集修改出两稿。5月9日-10日,继续修改形成"自修稿第四稿",同时将这一稿标注为"草稿第一稿",分送刘少奇、周恩来、朱德、陈云、邓小平等党内领导同志小范围征求意见。

(1)调整部分标题名称。第一节标题改为"关于两类不同性质的矛盾";第四节标题改为"关于工商业者的改造",后又改为"关于私营工商业者";第五节标题改为"关于知识分子",第九节改为"关于群众闹事"。

(2)丰富对若干重大问题和方针政策的理论阐述。在第一节,增加了关于民主和自由相互关系的论断,指出民主自由都是相对的，不是绝对的，深化了关于民主与专政关系的论述，增加了大段关于运用马克思主义对立统一规律来认识和处理问题的论述，同时还补充了"我们提出严格划分敌我与人民内部两类矛盾的界线，采取和平方法解决人民内部的矛盾，以便团结全体人民进行一场新的战争——向自然界开战，发展我们的经济，发展我们的文化，使全体人民比较顺利地走过目前的过渡时期，巩固我们的新制度，建设我们的新国家"等重要内容。在第八节，谈到"长期共存，互相监督"的方针时，增加了团结—批评—团结是解决一切人民内部矛盾的方法这一科学论述。在第十节，增加了"互相对立的两方面，无不在一定条件下互相转化其地位。在这里，条件是重要的。没有一定的条件，斗争着的双方都不会转化"等重要论断。

（3）表述更加规范、论述更加充分。对第三节"关于农业合作化"作了较大篇幅的改写，相比2月讲话稿，阐述得更加有条理和全面。在第四节，补充说明了我国私营工商业改造做得迅速和顺利的原因在于，"是跟我们把工人阶级同民族资产阶级之间的矛盾当作人民内部矛盾去处理，密切相关的"。在第七节，增加和改写了一段："为什么要提出这样一个问题？难道还有人不知道我国有六亿人口吗？知道是知道的，不过办起事来有些人就忘记了,似乎人越少越好,圈子紧缩得越小越好。抱有这种小圈子主义的人们,对于这样一种思想是抵触的:调动一切积极因素,团结一切可能团结的人,并且将一切消极因素转变为积极因素,为建设社会主义的伟大目标服务。我希望这些人扩大眼界,真正承认我国有六亿人口,承认这是一个客观存在是我们的本钱"。这些精彩论述都被保留到了正式发表的最终稿中。

(4)删减了部分内容。删除了第九节中对处理闹事的四条原则"一、努力克服官僚主义使之不闹;二、要闹就让他闹;三、让他闹够;四、对闹事的头子不开除。"在第四次修改稿中删掉了第七节中的"计划生育问题"。此外,还删除了一些口语化的表达,整个文章更加书面化。

(二)整风运动进入高潮后的十次修改

1957年5月上旬,党外人士帮助党内整风运动进入高潮,出现了一些较为尖锐的批评意见,加之部分媒体对一些偏激甚至是错误的意见进行渲染性报道,使得毛泽东和中央其他领导同志的思想发生了显著变化。按照毛泽东原有的估计,中国不会发生像匈牙利事件那样的严重态势,他相信可以通过一些温和的党外批评,促使党的各级领导正视问题、纠正错误,2月27日的讲话稿强调,"匈牙利事件以后,中国的局面很巩固,只有一点小风波,如'风乍起,吹皱一池春水',像七级台风引起那样的波浪是没有的"。然而,随着"整风鸣放"形势的不断变化,5月15日,毛泽东在《事情正在起变化》一文中指出,阶级斗争形势已经不是"吹皱一池春水",而是"有反共情绪的右派分子为了达到他们的企图,他们不顾一切,想要在中国这块土地上刮起一阵害禾稼、毁房屋的七级以上的台风"①。

5月24日,自征求意见稿第一稿发出后半个月,毛泽东改出了征求意见稿第二稿。5月25日、27日、28日,分别又改出了征求意见稿第三稿、第四稿、第五稿。6月1日、9日、14日,在陈伯达、胡乔木、田家英等共同参与下,形成了征求意见第六稿、第七稿、第八稿。6月16日、17日,又作了少量文字修改,形成了最后定稿。

(1)调整部分标题名称及顺序将第十节的标题确定为"坏事能否变成好事?";将第六节(关于节约)和第十一节(少数民族问题)次序作了对调。

---

① 《建国以来重要文献选编》第10册,中央文献出版社1994年版,第266页。

（2）增加了这一时期关于右派进攻所作的思考和回应。在第一节，增加了关于人民民主专政防御外部敌人作用的论述。在第四节，增加了工商业者必须加强思想改造的论述。在第五节，增加了知识分子必须完成世界观上的根本转变这一重要论断。在第八节，作了大段且重要的修改：一是进一步强调阶级斗争特别是意识形态领域的斗争仍然激烈，阐述了我国大规模的群众性的阶级斗争已经基本结束，但是无产阶级思想和资产阶级思想之间的斗争还是尖锐且长期的这一基本判断；二是增加了批判修正主义的内容，"我们在批判教条主义的时候，必须同时注意对修正主义的批判""它比教条主义有更大的危险性"。

（3）对一些重要提法作了增删和文字性修改。5月25日，毛泽东在征求意见第三稿上特别注明"我百花齐放部分有一些重要修改"，5月27日第四稿，又特别强调"请看'百花齐放'那一节，有一段重要的修改"。主要是：增加了辨别香花和毒草的六条政治标准；指出长期共存、共同监督是我们的愿望和方针，但不是单方面的，而是各党派互相提意见，作批评；将"资产阶级知识分子"修改为"从旧社会来的知识分子"；强调思想斗争不能采取粗暴的强制的方法，只能用细致的讲理的方法。

（4）对一些重要论断作了深化、扩充和完善。在第一节，对什么是人民、什么是敌人，人民内部矛盾和敌我矛盾的区别，工人阶级同民族资产阶级的矛盾，分清敌我与分清是非等问题作了阐释说明；深入分析了社会主义社会的矛盾同资本主义社会的矛盾有本质不同，上层建筑和经济基础又相适应又相矛盾等。在第三节，增加了必须经常从生产问题和分配问题出发来处理合作社的矛盾这个科学判断。在第八节，增加了各党派长期共存的基础，是"致力于团结人民从事社会主义事业"和"得到人民信任"。

6月19日，经毛泽东本人审订同意后，《关于正确处理人民内部矛盾的问题》在《人民日报》第5版首次公开发表，全国其他主要报纸也全文刊载，随即引发巨大反响。

经过历次修改后的6月正式发表稿与2月原讲话稿的框架内容基本保持一致，其理论形态更趋完备，思想内容更为丰富，行文逻辑和语言表述也更加严谨。虽然《关于正确处理人民内部矛盾的问题》的修改过程在一定程度上受到了反右派斗争扩大化形势的影响，增加了阶级斗争等与原讲话稿不协调的论调，但是总的来说，正确区分和处理两类不同性质的矛盾这个基本思想仍然贯穿全文。

三、国内外刊布情况

《关于正确处理人民内部矛盾的问题》公开发表之后，不久就受到国内外的普遍关注，国外各大报纸都登载了此文。6月19日，也就是《人民日报》公开发表《关于正确处理人民内部矛盾的问题》的当天，苏联《真理报》刊载了该文的全文，苏联其他几家重要报纸也刊载了文章的摘要。此后不久，美国《纽约时报》全文刊载《关于正确处理人民内部矛盾的问题》一文并发表社论，美国其他报纸如《纽约先驱论坛报》《纽约世界电讯与太阳报》《华盛顿邮报》等都发布了关于这篇演讲的消息。20世纪50年代末期，法国、意大利及东欧等国的共产党刊物上也相继刊载了《关于正确处理人民内部矛盾的问题》一文。此文在全球引起了相当强烈的反响，很多有影响的国家对其进行了深入的思考和研究。例如，英国《曼彻斯特卫报》在之后的一篇社论中，对《关于正确处理人民内部矛盾的问题》作了评论："这篇讲话对世界共产主义的影响可能比赫鲁晓夫的秘密演说来得大。因为，毛泽东讲话完全是在积极地提出新的思想和政策，而赫鲁晓夫主要是消极地贬斥过去。"1957

年6月20日,法国《世界报》发表社论指出:"肯定地说,共产主义学说在分化,同莫斯科抗衡的北京,在马克思主义阵营中的影响在与日俱增。"6月22日,波兰《人民论坛报》发表《大家都来读毛泽东的报告》,此文认为,这是苏共"二十大"后第一个根据近年来的问题和经验如此大规模地发挥社会主义理论的尝试,中国的思想和实践的伟大成就中的许多问题使我们活跃起来,引起我们的思想共鸣。

国内外出版社相继出版发行了《关于正确处理人民内部矛盾的问题》的单行本和汇编本。据不完全统计,该文单行本有120多种版本,其中汉文版10多种,少数民族文版20多种,外文版80多种,盲文版4种。美、苏、日、德、意等20多个国家出版发行了该文的单行本。① 其中较有代表性的是1957年6月人民出版社出版的《关于正确处理人民内部矛盾的问题》单行本和1958年9月青海人民出版社出版的《关于正确处理人民内部矛盾的问题》单行本。1957年11月,外文出版社出版了《关于正确处理人民内部矛盾的问题》英文单行本,中共中央编译局出版了《关于正确处理人民内部矛

---

① 施金炎主编:《毛泽东著作版本述录与考订》,海南国际新闻出版中心1995年版,第573—583页。

盾的问题》俄文单行本，此外还有德文版、日文版、西班牙文版、越南文版等。1958年12月，文字改革出版社出版了《关于正确处理人民内部矛盾的问题》的注音单行本。著作汇编本有1964年2月湖北人民出版社出版的《实践论·矛盾论·关于正确处理人民内部矛盾的问题》；1966年5月人民出版社出版的《新民主主义论·在延安文艺座谈会上的讲话·关于正确处理人民内部矛盾的问题·在中国共产党全国宣传工作会议上的讲话》，此版本有64开精装和64开塑套装两种装帧；1966年9月天津人民出版社出版的《新民主主义论·在延安文艺座谈会上的讲话·关于正确处理人民内部矛盾的问题·在中国共产党全国宣传工作会议上的讲话·关于领导方法的若干问题·党委会的工作方法》；等等。

另外，此后陆续出版的各类选集本、专集本及文集本等也都收录了《关于正确处理人民内部矛盾的问题》一文。

1964年，全国上下掀起了学习毛泽东著作的热潮，田家英向中央建议编辑《毛泽东著作选读》甲种本和乙种本，分别供一般干部和工农青年学习毛泽东思想。1964年6月，由人民出版社编辑出版的《毛泽东著作选读》（甲种本）和由中国青年出版社编辑出版的《毛泽东著作选读》（乙种本）相继问世。甲种本收录了《关于正确处理人民内部矛盾的问题》全文，而乙种本则节选了《关于正确处理人民内部矛盾的问题》的部分内容，以文章中原有的小标题如《两类不同性质的矛盾》《知识分子问题》及《中国工业化的道路》等作为标题供读者阅读。

1964年11月，人民出版社出版了《毛主席的四篇哲学论文》；1966年1月，中国人民解放军总参谋部出版局出版了《毛主席的四篇哲学著作》，均收录了《关于正确处理人民内部矛盾的问题》一文。1970年10月，人民出版社还出版了《毛主席的五篇哲学著作》一书，《关于正确处理人民内部矛盾的问题》即是其中的一篇。

"文化大革命"期间，由中国人民解放军总政治部编印的《毛主席语录》和《最新最高指示》等，以语录的形式收录了《关于正确处理人民内部矛盾的问题》的部分内容。一些非正式出版的版本如《毛泽东著作选读》（军内版）和红卫兵组织编辑的特殊版本《毛泽东思想万岁》也收录了《关于正确处理人民内部矛盾的问题》。

1971年，香港明报月刊社出版了《"毛泽东选集"补遗》，补充了《毛泽东选集》（1—4卷）未汇集的新中国成立后的重要著作，其第3卷第2辑将《关于正确处理人民内部矛盾的问题》收录其中。

《关于正确处理人民内部矛盾的问题》研读

1986年8月,人民出版社出版了由中共中央文献编辑委员会编辑的《毛泽东著作选读》。该书为《关于正确处理人民内部矛盾的问题》一文的题解作了新增和修订,指出:讲话公开发表前,反右派斗争已经开始,由于当时对右派分子向共产党和社会主义制度进攻的形势作了过分严重的估计,在讲话稿的整理过程中加进了强调阶级斗争很激烈、社会主义和资本主义之间谁胜谁负的问题还没有真正解决这些同原讲话精神不协调的论述。

1992年1月,由中央文献出版社出版的《建国以来毛泽东文稿》第6册收录《关于正确处理人民内部矛盾的问题》一文,并对毛泽东修改《关于正确处理人民内部矛盾的问题》的几个重要批示作了详细注解。1999年,历时八年的《毛泽东文集》由人民出版社完成出版,该书弥补了毛泽东在社会主义时期的著作没有文集这个空缺,《毛泽东文集》第7卷收录了已发表过的《关于正确处理人民内部矛盾的问题》,并作了大量的史实考订和文字校对工作。

在国外,日本在1957年之后,先后出现了多种译本、多种版本的《关于正确处理人民内部矛盾的问题》;1967年,东京东方书店翻译出版的《哲学四篇》收录了《关于正确处理人民内部矛盾的问题》;1976年长崎出版社出版了《"关于正确处理人民内部矛盾"入门》；瑞士将《矛盾论》《实践论》和《关于正确处理人民内部矛盾的问题》合辑为《毛泽东哲学著作》，并译作法文出版；希腊翻译出版了毛泽东三篇哲学著作的合辑本；德国也在1957年翻译出版《关于正确处理人民内部矛盾的问题》单行本。此外，1989年，美国哈佛大学出版社出版了《毛泽东的秘密讲话——从百花时期到大跃进》一书，收录了毛泽东在1957年2月27日最高国务会议第十一次（扩大）会议上《如何处理人民内部的矛盾》的讲话记录等。

第三章

关于社会主义社会矛盾的基本理论

《关于正确处理人民内部矛盾的问题》坚持马克思主义唯物辩证法，系统阐明了关于社会主义社会矛盾的一系列重大理论问题。其理论贡献和精髓要义主要有：一是深刻论证"社会主义社会充满矛盾"，指出社会基本矛盾是推动社会主义社会不断向前发展的根本动力；二是科学区分"敌我矛盾"和"人民内部矛盾"两类不同性质的矛盾，同时强调两种矛盾在一定条件下可以相互转化；三是鲜明提出国家政治生活主题发生历史性转变，正确处理人民内部矛盾成为"总题目"。

一、系统论述社会主义社会矛盾的基本问题

（一）坚持马克思主义矛盾观点，首次承认社会主义社会充满矛盾

对立统一学说是马克思主义哲学的一个重要理论主题，从19世纪30年代起，马克思和恩格斯汲取黑格尔辩证法中所包含的合理内核，同时又摒弃了黑格尔唯心主义的外壳，创立了崭新的唯物辩证法，实现了辩证法发展史上的空前变革。作为唯物辩证法的创始人，马克思、恩格斯十分重视运用对立统一规律分析和解决实际问题，恩格斯的《自然辩证法》一书的主旨就是运用对立统一规律来分析自然界的矛盾运动，并深刻论证了矛盾的普遍性和客观性，批判了自然科学领域中的形而上学观点和唯心主义观点。

毛泽东继承和发展了马克思主义矛盾观点，在中国革命和社会主义建设中始终坚持马克思主义唯物辩证法，运用对立统一规律观察和分析自然、社会问题。1937年，毛泽东在《矛盾论》中就明确指出，"一切事物中包含的矛盾方面的相互依赖和相互斗争，决定一切事物的生命，推动一切事物的发展。没有什么事物是不

包含矛盾的，没有矛盾就没有世界"①。正是矛盾构成了自然界和人类社会发展的根本动力，"按照唯物辩证法的观点，自然界的变化，主要地是由于自然界内部矛盾的发展。社会的变化，主要地是由于社会内部矛盾的发展，即生产力和生产关系的矛盾，阶级之间的矛盾，新旧之间的矛盾，由于这些矛盾的发展，推动了社会的前进，推动了新旧社会的代谢"②。在新民主主义革命时期，毛泽东关于革命根据地建设、农村土地革命、整顿党的作风等一系列实践，都包含着矛盾学说的运用。

在《关于正确处理人民内部矛盾的问题》中，毛泽东又进一步强调："对立统一规律是宇宙的根本规律。这个规律，不论在自然界、人类社会和人们的思想中，都是普遍存在的。矛盾着的对立面又统一，又斗争，由此推动事物的运动和变化。矛盾是普遍存在的，不过按事物的性质不同，矛盾的性质也不同。"又说，"承认这个规律是一回事，应用这个规律去观察问题和处理问题又是一回事"。③注重矛盾、研究矛盾、寻求解决矛盾的正确方法是毛泽东哲学思想的重要组成部分。把矛盾理论创新运用到社会主义建设的实践中，科学区分矛盾、准

---

① 《毛泽东选集》第1卷，人民出版社1991年版，第305页。
② 《毛泽东选集》第1卷，人民出版社1991年版，第302页。
③ 《毛泽东文集》第7卷，人民出版社1999年版，第213页。

确解决矛盾是毛泽东关于社会主义革命与建设思想的重要内容和突出贡献。可以说,《关于正确处理人民内部矛盾的问题》中所阐述的矛盾学说,以"矛盾双方互相依存、互相转化""分清主要矛盾和矛盾主要方面"等对立统一学说观点为哲学依据,是毛泽东矛盾学说在社会主义建设时期的丰富和发展。

关于社会主义社会的矛盾问题,20世纪50年代的国内理论界大致有三种看法:一是认为社会主义社会没有矛盾;二是认为社会主义社会可以"找到"矛盾;三是认为社会主义社会充满着矛盾。事实上,毛泽东是持第三种看法的,他始终认为包括社会主义社会在内的人类社会将一直存在各种各样的矛盾,社会主义社会并非"找到"或者"找不到"矛盾,而是充满矛盾。

毛泽东严厉批评了那些在观察社会主义社会问题上的形而上学观点,认为"许多人不敢公开承认我国人民内部还存在着矛盾,正是这些矛盾推动着我们的社会向前发展。许多人不承认社会主义社会还有矛盾,因而使得他们在社会矛盾面前缩手缩脚,处于被动地位;不懂得在不断地正确处理和解决矛盾的过程中,将会使社会主义社会内部的统一和团结日益巩固"[①]。1956年4月5

[①]《毛泽东文集》第7卷,人民出版社1999年版,第213页。

日，由毛泽东主持起草的《关于无产阶级专政的历史经验》以人民日报编辑部的名义发表，文章针对斯大林提出的"社会主义社会不再存在矛盾"的错误思想，分析了社会主义社会仍然存在多种矛盾，比如，主观和客观的矛盾、先进和落后的矛盾、唯物论和唯心论的矛盾、社会生产力和生产关系的矛盾等。文中指出，"否认矛盾，就是否认辩证法。各个社会的矛盾性质不同，解决矛盾的方式不同，但是社会的发展总是在不断的矛盾中进行的。社会主义社会的发展也是在生产力和生产关系的矛盾中进行的。在社会主义社会和共产主义社会中，技术革新和社会制度革新的现象，都将是必然要继续发生的，否则，社会的发展就将停止下来，社会就不可能再前进了"。又说，"即使到了共产主义社会，也不会是每个人都是完满无缺的。那个时候，人们本身也还将有自己的矛盾，还将有好人和坏人，还将有思想比较正确的人和思想比较不正确的人。因此，人们之间也还将有斗争，不过斗争的性质和形式不同于阶级社会罢了。这样看来，在社会主义社会中，存在着个人和集体的矛盾现象，并不是一件什么奇怪的事。而任何党和国家的领导人物如果脱离集体领导，脱离人民群众，脱离实际生活，他们就必然会使自己的思想硬化起来，以致做出严重的错误"。① 同年4月25日,毛泽东在中共中央政治局扩大会议上作了《论十大关系》的重要讲话,他指出:"这十种关系,都是矛盾。世界是由矛盾组成的。没有矛盾就没有世界。我们的任务,是要正确处理这些矛盾。这些矛盾在实践中是否能完全处理好,也要准备两种可能性,而且在处理这些矛盾的过程中,一定还会遇到新的矛盾、新的问题。"② 在他看来,那些认为社会主义社会没有矛盾或者可以"找到"矛盾的想法是不符合客观实际的。虽然社会主义制度下实现了国家统一和人民团结,但并不能因此认定社会中已经没有任何矛盾了。

毛泽东在驳斥了"社会主义无矛盾论"后,进一步论证了"社会主义社会充满矛盾",揭示出社会主义条件下矛盾存在的普遍性。1956年3月,毛泽东在中共中央政治局会议上指出,社会主义社会仍然存在着矛盾,否认存在矛盾就是否认唯物辩证法,矛盾无处不在,无时不在。接着,在4月25日发表的《论十大关系》中,毛泽东又从社会各领域出发系统阐释了社会主义社会十个方面的具体矛盾,更加明确了社会主义社会矛盾的普

---

① 《建国以来重要文献选编》第8册,中央文献出版社1994年版,第231—238页。
② 《毛泽东文集》第7卷,人民出版社1999年版,第44页。

遍性问题。同年12月4日,毛泽东在给黄炎培的信中明确指出:"社会总是充满着矛盾。即使社会主义和共产主义社会也是如此,不过矛盾的性质和阶级社会有所不同罢了。"①1957年11月18日,他再次批驳了否认矛盾的形而上学观点,《在莫斯科共产党和工人党代表会议上的讲话》中强调:"有些人说社会主义社会可以'找到'矛盾,我看这个提法不对。不是什么找到或者找不到矛盾,而是充满着矛盾。没有一处不存在矛盾,没有一个人是不可以加以分析的。如果承认一个人是不可加以分析的,就是形而上学。"②在社会主义社会,矛盾仍然具有普遍性,"矛盾是永远存在的,一万年以后还是有的"③。社会矛盾存在于政治经济文化生活的各个领域,甚至包括党群矛盾:"我们的人民政府是真正代表人民利益的政府,是为人民服务的政府。但是他同人民群众之间也有一定的矛盾。这种矛盾包括国家利益、集体利益同个人利益之间的矛盾,民主同集中的矛盾,领导同被领导之间的矛盾,国家机关某些工作人员的官僚主义作风同群众之间的矛盾。这种矛盾也是人民内部

---

① 《毛泽东文集》第7卷,人民出版社1999年版,第164页。
② 《毛泽东文集》第7卷,人民出版社1999年版,第332页。
③ 《毛泽东文集》第7卷,人民出版社1999年版,第66页。

的一个矛盾。"①

需要指出的是,毛泽东正是吸取斯大林否认社会主义社会存在矛盾的教训,作出了社会主义社会仍有矛盾的科学论断。列宁逝世以后,苏联在生产资料所有制改造完成、社会主义制度建立以后,其国内理论界长期否认社会主义社会存在矛盾。他们认为,在社会主义社会里,生产关系完全适合生产力的发展,两者之间已不存在矛盾。推动社会发展的,不再是矛盾对立斗争和运动,政治上、道义上的团结一致才是社会主义发展的动力。斯大林在很长的一个时期,不承认社会主义社会有矛盾,认为"在社会主义条件下,矛盾失去了它的普遍性"②。1938年9月,斯大林在《论辩证唯物主义和历史唯物主义》一文中,强调在社会主义社会"生产关系完全适合生产力性质""生产关系同生产力状况完全适合""没有经济危机""没有生产力破坏的情形"③,等等。这种看法既不符合马克思主义唯物辩证法的思想实质,也不符合苏联当时的基本国情。一直到他晚年写《苏联社会主义经济问题》时,才在书里提到生产关系与生产

---

① 《毛泽东文集》第7卷,人民出版社1999年版,第205—206页。
② 《论社会主义条件下真实的和虚构的矛盾》,原载于《在马克思主义旗帜下》1940年第06期。
③ 《斯大林选集》下卷,人民出版社1979年版,第449页。

力之间是有矛盾的。认为两者关系处理得好，就可以不发展为对抗的矛盾；处理得不好，那就要发展为对抗，就发展为冲突。遗憾的是，即使在此后一段时期，关于社会主义社会矛盾及其性质等问题，在苏联也只是作为学术问题断断续续进行讨论，始终没有作为国家政治生活的主要课题提出来。正是斯大林这种否认矛盾、掩盖矛盾的态度，造成苏联在社会主义建设中思想认识出现偏差，也为社会主义社会的发展埋下更多样、更复杂、更深层次的社会矛盾。苏共"二十大"上赫鲁晓夫对斯大林的错误进行了系统的批判，在中国社会引起巨大反响。毛泽东不失时机地发挥了其善于分析错综复杂矛盾的特长，敏锐地吸取苏联的经验教训，创造性地发展了社会主义矛盾学说。

（二）创立社会主义社会矛盾理论，明确指出社会主义社会的基本矛盾是生产力和生产关系之间的矛盾

在《哥达纲领批判》中，马克思第一次明确论证了社会主义阶段中社会发展存在的一些对立矛盾，主要是体力劳动和脑力劳动，城乡之间的发展差别和分配问题上的不平等。这实际上也说明了马克思承认社会主义社

会仍然存在着矛盾。进而,马克思和恩格斯将生产力和生产关系的统一,经济基础和上层建筑的统一,分别概括为两个基本范畴:"生产方式"和"社会形态"。认为这两对矛盾运动构成了人类社会发展的客观规律,同时认为这是他们研究社会历史的"总的结果"。但是,马克思和恩格斯没有进一步把生产力和生产关系的矛盾,经济基础和上层建筑的矛盾看作一个矛盾统一体,也没有深入剖析二者之间的相互关系及其在社会发展过程中的作用。加之社会历史条件限制,马克思和恩格斯也没有具体地阐明社会主义社会是否还存在这些基本矛盾。列宁肯定社会主义社会存在矛盾,但他经历的社会主义建设实践时间短促,未能从哲学根源上对社会主义社会基本矛盾问题深入研究。斯大林对苏联过渡时期存在的"内部矛盾"和"外部矛盾"有一定的阐述,但是对进入社会主义社会以后是否仍就存在矛盾则长期否认和回避,他认为"这里生产关系同生产力状况完全适合"。[①]直到1952年,斯大林才勉强承认,如果搞得不好,社会主义的生产关系和生产力之间也会发生冲突,但仍没有作为一个全面性的问题提出。

毛泽东在考察第一个社会主义国家苏联正反两方面

---

① 《斯大林选集》下卷,人民出版社1979年版,第449页。

历史经验的基础上，不断总结中国社会主义建设的实践经验，第一次系统地阐述了社会主义社会基本矛盾的问题。在《关于正确处理人民内部矛盾的问题》一文中，毛泽东指出："在社会主义社会中，基本的矛盾仍然是生产关系和生产力之间的矛盾，上层建筑和经济基础之间的矛盾。不过社会主义社会的这些矛盾，同旧社会的生产关系和生产力的矛盾、上层建筑和经济基础的矛盾，具有根本不同的性质和情况罢了。"[1]这样，毛泽东在马克思主义发展史上，第一次提出"社会基本矛盾"这一历史唯物主义的哲学范畴，并创立了社会基本矛盾理论。

毛泽东提出生产关系和生产力之间的矛盾、上层建筑和经济基础之间的矛盾是人类社会形态的基本矛盾。这一矛盾运动贯穿人类社会发展始终，不断引发经济、政治、文化及其他领域的各种矛盾，并规定着社会性质和基本结构。1956年11月，毛泽东在中国共产党八届二中全会上谈道："将来全世界的帝国主义都打倒了，阶级消灭了，那个时候还有生产关系同生产力的矛盾，上层建筑同经济基础的矛盾。"在12月29日发表的《再论无产阶级专政的历史经验》一文中毛泽东指出："马克

---

[1]《毛泽东文集》第7卷，人民出版社1999年版，第214页。

思列宁主义的辩证法科学告诉我们,任何一种生产关系以及在这种生产关系的基础上建立起来的上层建筑,都有它的发生、发展和灭亡的过程。生产力发展到一定阶段,旧的生产关系基本上不能再同它相适应;经济基础发展到一定阶段,旧的上层建筑基本上不能再同它相适应。在这样时候,就必然要引起根本性质的变革。谁要抵抗这种变革,谁就会被历史所抛弃。"同时指出,矛盾双方即使是在根本性质一致的基础上也仍然存在着处于"量变"阶段的矛盾运动,"在基本制度适合需要的情况下,在生产关系和生产力之间,在上层建筑和经济基础之间,也仍然存在着一定的矛盾。这种矛盾表现成为经济制度和政治制度的某些环节上的缺陷。这种矛盾,虽然不需要用根本性质的变革来解决,仍然需要及时地加以调整"。[1]因此,这两对矛盾运动无处不在、无时不有,构成了全部人类社会的基本矛盾。正如毛泽东后来在《关于正确处理人民内部矛盾的问题》一文中所指出的,"矛盾不断出现,又不断解决,就是事物发展的辩证规律"[2],并且强调这一规律适合于一切人类社会形态,包括现在的社会主义社会和将来的共产主义社会。

---

[1]《建国以来重要文献选编》第9册,中央文献出版社1994年版,第571页。
[2]《毛泽东文集》第7卷,人民出版社1999年版,第216页。

毛泽东还阐明了社会主义社会基本矛盾的性质和特点——"又相适应又相矛盾"。毛泽东在《关于正确处理人民内部矛盾的问题》中指出:"矛盾是普遍存在的,不过按事物的性质不同,矛盾的性质也就不同。"① 他运用马克思主义辩证法原理,指出社会主义社会也充满矛盾,同时还分析指出社会主义社会的矛盾是可调和的非对抗性的矛盾。这一思想观点,不仅对国内外学术界长期以来认为社会主义社会"无冲突论"的形而上学观点进行了有力批驳,而且将社会主义社会的矛盾同旧社会的矛盾,特别是与资本主义社会的矛盾严格地加以区分,为分析解决社会主义社会矛盾提供了基本理论框架。其中,"又相适应"表明了我国社会主义制度的优越性,必须坚持走社会主义道路。他认为,社会主义制度比旧的社会制度要优胜得多,否则旧制度就不会被推翻,新制度也不可能建立。他进一步解释:"所谓社会主义生产关系比较旧时代生产关系更能够适合生产力发展的性质,就是指能够容许生产力以旧社会所没有的速度迅速发展,因而生产不断扩大,因而使人民不断增长的需要能够逐步得到满足的这样一种情况。"② 在毛泽

---

① 《毛泽东文集》第7卷,人民出版社1999年版,第213页。
② 《毛泽东文集》第7卷,人民出版社1999年版,第214页。

东看来,"只有社会主义才能救中国。社会主义制度促进了我国生产力的突飞猛进的发展,这一点,甚至连国外的敌人也不能不承认了"[1]。相较于旧社会,社会主义社会新的生产关系更能适应生产力的发展需求,能够为生产力的发展提供更为宽广的空间。同时,社会主义社会的上层建筑,即人民民主专政的国家制度和法律,以马克思列宁主义为指导的社会主义意识形态等,积极推动生产资料私有制改造和公有制建立。"又相矛盾"表明了我国社会主义制度还不完善,还需进一步调整和巩固。主要是指,社会主义的生产关系刚刚建立起来,同不断发展着的生产力之间还有矛盾。例如,毛泽东在《关于正确处理人民内部矛盾的问题》中举例说,在工商业的公私合营企业中,资本家还拿取定息,还有剥削存在;在农业生产合作社和手工业生产合作社有一部分也还是半社会主义性质的,甚至包括完全社会主义性质的合作社在所有制的某些个别问题上,也需要继续解决;国家各项具体制度之间,生产与交换之间、积累与消费之间,人与人之间,国家、集体与个人之间等多方面,也都会产生矛盾;另外,在上层建筑中,在意识形态领域中资产阶级意识形态的存在,国家机构中封建主

---

[1]《毛泽东文集》第7卷,人民出版社1999年版,第214页。

义作风的残留，国家制度层面的某些缺陷，这些都是和社会主义经济基础相矛盾的。

辩证地看，社会主义社会基本矛盾"又相适应"的一面占主导地位，"又相冲突"的、"非对抗性"的一面占次要地位。一方面，正是由于社会主义社会基本矛盾存在着"相互矛盾"的一面，即是说"基本适应"但又"不完全适应"，因此需要我们不断调整和改革那些不适合生产力发展的生产关系和上层建筑，通过社会主义制度的自我完善来解决社会主义社会的矛盾；另一方面，尽管社会主义社会的基本矛盾有其特殊性，但也不能忽视其作为"基本矛盾"的普遍性的一面，即归根结底仍然是生产关系和生产力之间、上层建筑和经济基础之间的矛盾运动推动了社会主义社会不断发展和完善。

值得一提的是，毛泽东在社会主义社会基本矛盾问题上不仅强烈驳斥了斯大林的"完全适合论"，而且对国内出现的"剧烈冲突论"作了有力回应。毛泽东认为，矛盾概念包含一个很广泛的含义，问题或困难都是矛盾，不能把矛盾简单地等同于冲突。矛盾虽然有可能表现为冲突并最终走向对抗，但冲突也只是可能引发某一事件或局势走向对抗的原因，而非对抗本身。从哲学意义上讲，矛盾可分为对抗性和非对抗性两种形态，对抗只是矛盾的一种特殊形式。在谈到社会主义社会基本矛盾的性质时，毛泽东明确指出："社会主义社会的矛盾同旧社会的矛盾，例如同资本主义社会的矛盾，是根本不相同的。资本主义社会的矛盾表现为剧烈的对抗和冲突，表现为剧烈的阶级斗争，那种矛盾不可能由资本主义制度本身来解决，而只有社会主义革命才能够加以解决。社会主义社会的矛盾是另一回事，恰恰相反，它不是对抗性的矛盾，它可以经过社会主义制度本身，不断地得到解决。"[1] 总之，社会主义社会的生产关系比旧社会的生产关系更能够适合生产力发展的需求，它同社会主义生产力的"适应"是主要方面，"不适应"是次要方面。社会主义的生产关系与生产力的代表是工人阶级和劳动人民，而不是与之对抗的剥削阶级。因而，它们虽然有矛盾，但不是对抗性的矛盾，这一类型的矛盾完全可以通过社会主义制度的自我完善得以解决。

（三）正视社会主义社会矛盾的作用，深刻阐释社会基本矛盾是推动社会发展的根本动力

矛盾是事物联系的实质内容和事物发展的根本动力，人的认识活动和实践活动，从根本上说就是不断认

---

[1]《毛泽东文集》第7卷，人民出版社1999年版，第213—214页。

识矛盾、不断解决矛盾的过程。马克思、恩格斯深入研究和剖析了不同社会形态下的矛盾，指出生产力和生产关系、经济基础和上层建筑的矛盾及相互作用是社会的基本矛盾，存在于一切社会形态和社会制度之中，是社会发展的根本动力。在《〈政治经济学批判〉序言》中，马克思揭示了人类社会发展的客观必然性，并对人类社会发展的动力作出具体阐述，"人们在自己生活的社会生产中发生一定的、必然的、不以他们的意志为转移的关系，即同他们的物质生产力的一定发展阶段相适合的生产关系。这些生产关系的总和构成社会的经济结构，即有法律的和政治的上层建筑竖立其上并有一定的社会意识形式与之相适应的现实基础。物质生活的生产方式制约着整个社会生活、政治生活和精神生活的过程"[1]。同时，他还尖锐地分析了生产力在一定条件下同生产关系产生的矛盾，"社会的物质生产力发展到一定阶段，便同它们一直在其中运动的现存生产关系或财产关系（这只是生产关系的法律用语）发生矛盾。于是，这些关系便由生产力的发展形式变成生产力的桎梏。那时社会革命的时代就到来了。随着经济基础的变更，全部庞

---

[1]《马克思恩格斯选集》第2卷，人民出版社1995年版，第32页。

大的上层建筑也或慢或快地发生变革"①。这里，马克思把生产关系和生产力之间、上层建筑和经济基础之间的矛盾运动看作是推动人类社会发展的根本动力。具体说来，这两对矛盾运动涵盖了三大要素，即生产力、生产关系（经济基础）和上层建筑。它们之间相互联结、相互制约、相互作用，生产力决定生产关系，生产关系反作用于生产力；经济基础决定上层建筑，上层建筑反作用于经济基础。这种层层决定和层层反作用的关系，构成了以生产力发展为最终动因的整个社会基本矛盾的辩证运动，推动人类社会由低级向高级发展。再者，这两对矛盾还直接制约着社会其他矛盾的存在和发展，规定着社会历史的一般进程，贯穿全部人类社会形态。

毛泽东同样坚持社会基本矛盾仍然是推动社会主义社会发展的根本动力。在《矛盾论》中，他作了精辟总结："当马克思、恩格斯把这事物矛盾的法则应用到社会历史过程的研究的时候，他们看出生产力和生产关系之间的矛盾，看出剥削阶级和被剥削阶级之间的矛盾以及由于这些矛盾所产生的经济基础和政治及思想等上层建筑之间的矛盾，而这些矛盾如何不可避免地会在各种不

---

① 《马克思恩格斯选集》第2卷，人民出版社1995年版，第32—33页。

同的阶级社会中,引出各种不同的社会革命。"①毛泽东指出:"没有矛盾就没有运动,社会总是运动发展的,在社会主义时代矛盾仍然是社会运动发展的动力。""只说社会主义社会的特点是团结一致,十分稳定;不说社会主义社会内部的矛盾;只说精神上、政治上的一致,是社会主义国家强大的社会发展动力,不说社会矛盾是社会发展的动力,这样一来,矛盾的普遍性这个规律在他们那里被否定了,辩证法在他们那里就中断了。"②

综上可见,毛泽东坚持和发展了这一历史唯物主义的基本思想,第一次明确把生产力与生产关系、经济基础和上层建筑之间的矛盾作为人类社会的基本矛盾,并据此深入分析了社会主义社会基本矛盾的特殊性,进而指出社会基本矛盾仍然是推动社会主义社会发展的根本动力。1957年1月27日,毛泽东在省市自治区党委书记会议上指出:"斯大林没有把社会主义制度下生产关系和生产力之间的矛盾,上层建筑和经济基础之间的矛盾,当作全面性的问题提出来,他还是没有认识到这些矛盾是推动社会主义社会向前发展的基本矛盾"③。事实上,正是这两对矛盾之间从基本适合到基本不适合,又

---

① 《毛泽东选集》第1卷,人民出版社1968年版,第292页。
② 《毛泽东文集》第8卷,人民出版社1999年版,第133页。
③ 《毛泽东著作专题摘编》上册,中央文献出版社2003年版,第912页。

在变革旧的生产关系和上层建筑的基础之上，达到新的基本适合的矛盾运动，推动了包括社会主义社会和共产主义社会在内的全部人类社会不断向前发展。毛泽东的社会主义基本矛盾理论也得到了历史和实践的证明。邓小平在1979年进一步指出："关于基本矛盾，我想现在还是按照毛泽东同志在《关于正确处理人民内部矛盾的问题》一文中的提法比较好。"[①]党的十一届六中全会通过的《关于建国以来党的若干历史问题的决议》指出："在社会主义改造基本完成以后，我国所要解决的主要矛盾，是人民日益增长的物质文化需要同落后的社会生产之间的矛盾。"党的十三大报告作出判断："我们在现阶段所面临的主要矛盾，是人民日益增长的物质文化需要同落后的社会生产之间的矛盾。阶级斗争在一定范围内还会长期存在，但已经不是主要矛盾。"党的十九大报告指出："我国社会主要矛盾已经转化为人民日益增长的美好生活需要和不平衡不充分的发展之间的矛盾。"从党对社会主要矛盾作出的历次重大判断中可以看出，"人民"始终是主体。

---

① 《邓小平文选》第2卷，人民出版社1994年版，第181页。

二、鲜明区分社会主义社会两类不同性质的矛盾

（一）科学界定"敌我矛盾"和"人民内部矛盾"的范畴

毛泽东对"人民"这一概念的界定及"人民内部矛盾"的论述，充分契合中国传统文化中的民本思想。"民本"二字，首次见于《尚书·五子之歌》"皇祖有训，民可近，不可下，民惟邦本，本固邦宁"。孔子提倡"仁者，爱人""为政以德""利民"等仁学思想，孟子更是直接视"民"为国家之本，提出"民为贵，社稷次之，君为轻"的思想，认为得民心者得天下，保民者必保四海。荀子也说，"传曰：君者舟也；庶人者，水也，水则载舟，水则覆舟"。历朝历代都把"仁政"作为统治理想，并遵循这一民本思想来治理国家。毛泽东对中华传统文化研究深入，并用之于实践中。他把"人民的力量"提升到新的高度，认为，国家的统一，人民的团结，国内各民族的团结，是我们事业取得胜利的基本保证。因此，他以辩证发展的观点对待"人民"和"敌人"之间的界限，在不同历史时期，对"人民"和

"敌人"的范围作了明确划分。《关于正确处理人民内部矛盾的问题》中多次强调要尽一切可能团结人民，对待人民内部的矛盾应用"讨论的方法、批评的方法、说服教育的方法"去解决。这一点同儒家的"仁政"思想和"王道"思想有高度的内在统一性。

从新民主主义革命时期到社会主义建设时期，毛泽东因时因势分析了不同阶段人民和敌人的范围变化，认为人民与敌人的界限是由不同历史时期的主要社会矛盾、根本任务以及各阶级、阶层和集团对主要任务采取的政治态度和实际行动决定的。

在新民主主义革命时期，毛泽东就强调分清敌友是中国革命的首要问题。只有对"朋友"和"敌人"的界限和范围作科学的划分，才能"团结真正的朋友，以攻击真正的敌人"。大革命时期，毛泽东以中国革命的性质和对象作为界定"敌人"与"朋友"概念的主要依据。1925年12月，他在《中国社会各阶级的分析》一文中指出："谁是我们的敌人？谁是我们的朋友？这个问题是革命的首要问题。中国过去一切革命斗争成效甚少，其基本原因就是因为不能团结真正的朋友，以攻击真正的敌人。我们的革命要有不领错路和一定成功的把握，不可不注意团结我们真正的朋友，以攻击我们的真正的敌人。"① 他强调:"一切勾结帝国主义的军阀、官僚、买办阶级、大地主阶级以及附属于他们的一部分反动知识界,是我们的敌人。工业无产阶级是我们革命的领导力量。一切半无产阶级、小资产阶级是我们最接近的朋友。那动摇不定的中产阶级,其右翼可能是我们的敌人,其左翼可能是我们的朋友。"② 在这里,毛泽东尚未使用"人民"的概念,但"朋友"一词的含义是指向"人民"的。中国共产党到达陕北之后,毛泽东根据中国社会阶级关系的变化,决定将"工农共和国"改称为"人民共和国",以更好地将一切愿意参加民族民主革命的人士纳入革命阵营。抗日战争时期,"人民"的内涵外延逐渐扩大,包括一切抗日的阶级、阶层和社会集团,工人阶级、农民阶级、知识分子和进步的资产阶级,即革命的工、农、兵、学、商。"敌人"专指日本帝国主义、汉奸和亲日派。解放战争时期,毛泽东结合形势分析指出:"所谓人民大众,是包括工人阶级、农民阶级、城市小资产阶级、被帝国主义和国民党反动政权及其所代表的官僚资产阶级(大资产阶级)和地主阶级所压迫和损害的民族资产阶级,而以工人、农民(兵

---

① 《毛泽东选集》第1卷,人民出版社1991年版,第3页。
② 《毛泽东选集》第1卷,人民出版社1991年版,第9页。

士主要是穿军服的农民）和其他劳动人民为主体"①。

简言之，鉴于民主革命时期特殊的革命语境，"人民"的概念在某种程度上与"朋友"或"革命阵营"近似。当时所提的"人民内部矛盾"，主要地是指"革命阵营"中存在的各类矛盾。毛泽东科学地运用了马克思主义的阶级分析法，对中国社会各阶级状况作了具体深入的分析，强调对待朋友和敌人这两种不同性质的矛盾，要分别以团结和打击的方法来处理，为党在新民主主义革命时期处理各类矛盾提供了理论借鉴。

"人民"和"敌人"这一对历史范畴，在进入社会主义时期后又产生了新变化，有了新内涵。毛泽东在《关于正确处理人民内部矛盾的问题》中分析指出，"在现阶段，在建设社会主义的时期，一切赞成、拥护和参加社会主义建设事业的阶级、阶层和社会集团，都属于人民的范围；一切反抗社会主义革命和敌视、破坏社会主义建设的社会势力和社会集团，都是人民的敌人"②。基于这一科学判断，毛泽东提出了"敌我矛盾"和"人民内部矛盾"这一对哲学范畴，并对两类矛盾做了详细的概念界定。他认为，从阶级关系上说，敌我矛盾，是

---

① 《毛泽东选集》第4卷，人民出版社1991年版，第1272页。
② 《毛泽东文集》第7卷，人民出版社1999年版，第205页。

指敌对阶级之间的矛盾,也就是人民与各种敌对分子和敌对势力之间的矛盾;人民内部矛盾,是指人民内部相互之间的矛盾,具有根本利益一致关系的各阶级之间的矛盾,按其内容可以分为非敌我阶级的阶级矛盾,非阶级的阶层矛盾,阶级阶层内部不同群体以至不同个体之间的矛盾。从利益关系上看,敌我矛盾,是在根本利益关系上尖锐对立的矛盾,一方利益的获取是以损害和牺牲另一方利益为必要条件的,且这种利益关系的对立,不是局部利益的对立,而是整体利益、根本利益的对立;与此相反,人民内部矛盾,一般说来,是在人民利益根本一致基础上的矛盾。

总的来说,"敌我矛盾"和"人民内部矛盾"立足于政治意义上的"敌""我"范畴,又辩证分析了同对抗性矛盾和非对抗性矛盾哲学范畴。因此,它既是对政治学上"敌我"范畴的丰富和发展,也是对马克思主义经典作家关于矛盾思想的继承发展。

(二)人民内部矛盾具有"非对抗性"和"可调和性"特点

1956年12月29日,《人民日报》发表了根据中共中央政治局扩大会议精神写成并经毛泽东多次修改的

《再论无产阶级专政的历史经验》(简称《再论》),文章就将正确区别和处理两类不同性质的矛盾问题作为立论根据。毛泽东还对《再论》引言部分作了加写和改写,充分展示了其对社会主义社会矛盾问题理论的思考:"在我们面前有两种性质不同的矛盾:第一种是敌我之间的矛盾(在帝国主义阵营同社会主义阵营之间,帝国主义同全世界人民和被压迫民族之间,帝国主义国家的资产阶级同无产阶级之间,等等)。这是根本的矛盾,它的基础是敌对阶级之间的利害冲突。第二种是人民内部的矛盾(在这一部分人民和那一部分人民之间,共产党内这一部分同志和那一部分同志之间,社会主义国家的政府和人民之间,社会主义国家相互之间,共产党和共产党之间,等等)。这是非根本的矛盾,它的发生不是由于阶级利害的根本冲突,而是由于正确意见和错误意见的矛盾,或者由于局部性质的利害矛盾。它的解决首先必须服从于对敌斗争的总的利益。……人民内部的矛盾可以而且应该从团结的愿望出发,经过批评或者斗争获得解决,从而在新的条件下得到新的团结。……总之,一个人只要站在人民的立场上,就决不应该把人民内部的矛盾同敌我之间的矛盾等量齐观,或者相互混淆，更不应该把人民内部的矛盾放在敌我矛盾之上。"①这里，毛泽东所讲的两类不同性质的矛盾，重点讲社会主义国家与资本主义国家之间的矛盾，对国内两类矛盾和如何正确处理社会主义社会人民内部矛盾没作详细论述，只作了一个原则性说明。

随着国际国内形势变化，毛泽东把注意力重点转移到国内。1956年11月，他在党的八届二中全会上指出："世界充满着矛盾。民主革命解决了同帝国主义、封建主义、官僚资本主义这一套矛盾。现在，在所有制方面同民族资本主义和小生产的矛盾也基本上解决了，别的方面的矛盾又突出出来了，新的矛盾又发生了。"②1957年1月27日，毛泽东在省市自治区党委书记会议上提出："怎样处理社会主义社会的敌我矛盾和人民内部矛盾，这是一门科学，值得好好研究。""社会上的事情总是对立统一的。社会主义社会也是对立统一的，有人民内部的对立统一，有敌我之间的对立统一。在我们的国家里还有少数人闹事，基本原因就在于社会上仍然有各种对立的方面——正面和反面，仍然有对立的阶级，对

---

① 《建国以来重要文献选编》第9册，中央文献出版社1994年版，第562—563页。
② 中共中央文献研究室编：《毛泽东传》第4册，中央文献出版社2011年版，第1576页。

立的人们，对立的意见。"①并且强调，就国内情况来说，现在的阶级斗争，一部分是敌我矛盾，大量表现的是人民内部矛盾。要在几个五年计划的时间内，认真学会区分和处理两类矛盾的艺术，取得经验。

相较于《一论》《再论》，《关于正确处理人民内部矛盾的问题》对社会主义社会两类矛盾特别是人民内部矛盾的讨论更加深入、所涉及问题的范围更加宽泛。《关于正确处理人民内部矛盾的问题》的重大理论贡献和创新之处就在于，提出严格区分和正确处理两种不同性质的矛盾。毛泽东认为，社会主义社会既有敌我之间的对立统一，又有人民内部的对立统一，后者占多数。"在我们的面前有两类社会矛盾，这就是敌我之间的矛盾和人民内部的矛盾。这是性质完全不同的两类矛盾。"②两类矛盾在利益关系上的差异，决定了它们的性质不同。敌我之间的矛盾是根本利益相冲突的对抗性矛盾；人民内部的矛盾是根本利益相一致的非对抗性矛盾。具体地讲，就劳动人民之间的矛盾来说，是非对抗性的；就被剥削阶级和剥削阶级之间的矛盾来说，除了对抗性的一面以外，还有非对抗性的一面。这里所说的对抗性的一

---

① 中共中央文献研究室编：《毛泽东年谱（一九四九——一九七六）》第3卷，中央文献出版社2013年版，第70页。
② 《毛泽东文集》第7卷，人民出版社1999年版，第204—205页。

面,是指人民内部矛盾的一种特殊情况,在一定范围内可以通过较温和的方式解决。但人民内部矛盾主要是由于复杂的客观条件所造成的差别性矛盾,如各种经济形式之间的矛盾,政治和经济发展不平衡的矛盾,各地区之间的矛盾,各民族之间的矛盾等;有些矛盾是由于人们的分工差别而引起的,如领导和群众、上级和下级、组织和个人之间的矛盾等;还有些矛盾是由于人们对公共生活准则即法律、道德、纪律所持态度的差别造成的,如先进与落后的矛盾、正确与错误的矛盾等;也有些矛盾是由于人们的知识素养、认识水平、思想方法、工作方法等差异所引起的。所有这些差别性的矛盾,在根本利益上是一致的,即便存在着一定程度上的对立,但这种对立是局部利益的对立,是次要利益的对立,是暂时利益的对立。而且这种矛盾按其本性来讲是相互依赖、相互渗透,可以相互转化的,其中一方利益的实现都可能促进另一方利益的实现,或者为另一方利益的实现创造条件。

矛盾的不同性质和表现形态决定了处理方法也应有所区别。尤其是对待敌我矛盾和人民内部矛盾这两种完全不同类型的矛盾,解决矛盾的方法更不能混为一谈、简单处理。斯大林在《俄共(布)第十四次代表会议的工作总结》报告中指出,苏联有两种矛盾:一种矛盾是内部的矛盾,即无产阶级和农民之间的矛盾;另一种矛盾是外部的矛盾,即我们这个社会主义国家和其他一切资本主义国家之间的矛盾……无产阶级和农民之间除了有矛盾以外,在发展的根本问题上还有共同的利益,这些共同利益抵得上而且肯定会超过这些矛盾,这些共同利益就是工农联盟的基础。① 对待"结合内部的矛盾",应当竭力设法抑制(挑起阶级斗争口号)这条战线上的斗争,用协商和互相让步的方法来调节这一斗争,并且无论如何不要把它导向尖锐化的形式,导向冲突。② 对这个问题,毛泽东在《矛盾论》中就有论述:"不同质的矛盾,只有用不同质的方法才能解决。例如,无产阶级和资产阶级的矛盾,用社会主义革命的方法去解决;人民大众和封建制度的矛盾,用民主革命的方法去解决;在社会主义社会中工人阶级和农民阶级的矛盾,用农业集体化和农业机械化的方法去解决;共产党内的矛盾,用批评和自我批评的方法去解决;社会和自然的矛盾,用发展生产力的方法去解决。"③ 1941年,毛泽东在《驳第三次"左"倾路线》中指出:"'左'倾机会主义路线的乱斗法,没有可能将这二者(对付敌人和对付

---

① 《斯大林选集》上卷,人民出版社1979年版,第336页。
② 《斯大林选集》上卷,人民出版社1979年版,第369页。
③ 《毛泽东选集》第1卷,人民出版社1991年版,第311页。

犯错误同志）加以区别，而把用于对付敌人的方法来对付了同志，在党内造成了一种乱斗的习惯，不分青红皂白，大事小事，一律都是'最坚决无情的斗争'，到处都是'仇恨'与'斗争的积极性'，造成党内离心离德、惶惶不可终日的局面。这种反科学的小资产阶级主观主义的乱斗法，如果不肃清，党要达到真正的团结与统一是不可能的。"① 那么，究竟该如何区分并正确处理人民内部矛盾呢？毛泽东提出了一种民主的方法，即"团结—批评—团结"，或者说是"惩前毖后，治病救人"。在抗日战争时期，特别是在延安整风期间，我们党自觉运用这一方法，实现了全党的团结统一。

新中国成立后，毛泽东继续把团结作为处理人民内部矛盾的出发点，再次强调"团结—批评—团结"方法的重要性，"要从团结的愿望出发，经过批评或斗争使矛盾得到解决，从而在新的基础上达到新的团结。按照我们的经验，这是解决人民内部矛盾的一个正确的方法"。② 1956年12月4日，毛泽东在给黄炎培的信中，首次提出了揭露和解决矛盾的两种不同方法："一种是对敌（这说的是特务破坏分子）我之间的，一种是对人

---

① 《毛泽东文集》第2卷，人民出版社1993年版，第347页。
② 《毛泽东文集》第7卷，人民出版社1999年版，第210页。

民内部的（包括党派内部的，党派与党派之间的）。前者是用镇压的方法，后者是用说服的方法，即批评的方法。"① 这也是毛泽东首次使用"敌我之间的"矛盾、"人民内部的"矛盾这两个命题。② 在《关于正确处理人民内部矛盾的问题》中，毛泽东又进一步概括总结出专政和民主两种解决矛盾的方法。特别是在正确处理人民内部矛盾的问题上，必须坚持民主原则。他指出："凡属于思想性质的问题，凡属于人民内部的争论问题，只能用民主的方法去解决，只能用讨论的方法、批评的方法，说服教育的方法去解决，而不能用强制的、压服的方法去解决。"③ 可见，毛泽东在处理两种矛盾的方法上不仅是灵活的，也是一以贯之的。

（三）强调注重两类不同矛盾互相转化的问题

毛泽东不仅认为世界充满了矛盾，还认为矛盾双方在一定条件下可以相互转化。这一观点在他早年《读艾思奇〈哲学与生活〉一书的摘录》中就有所体现。艾思奇认为："差别的东西不是矛盾，例如笔、墨、椅子不

---

① 《毛泽东文集》第7卷，人民出版社1999年版，第164页。
② 吴冷西：《十年论战》上册，中央文献出版社1999年版，第49页。
③ 《毛泽东文集》第7卷，人民出版社1999年版，第209页。

是矛盾。但如果懂得推移和变化的原理，就知差别的东西在一定条件下也可以转化为矛盾，倘若某两件差别东西同时同地地在一起且发生互相排斥的作用时，就成为矛盾了。"毛泽东指出："（艾思奇）根本道理是对的，但'差别不是矛盾'的说法不对。应该说一切差别的东西在一定条件下都是矛盾。一个人坐椅摇笔濡墨以从事作文，是因人与作文这两个一定的条件把矛盾的东西暂时的统一了，不能说这些差别不是矛盾。……差别是世上一切事物，在一定条件下都是矛盾，故差别就是矛盾；这就是所谓具体的矛盾。"[1]可以说，矛盾是普遍存在的，但是矛盾在不同的条件下，又呈现出不同的特点和表现形式，在外部条件的推动下是可以相互转化的。

"有时为了对付主要的共同的敌人，利害根本冲突的阶级也可以联合起来。反之，在特定情况下，人民内部的某种矛盾，由于矛盾的一方逐步转到敌人方面，也可以逐步转化成为对抗性的矛盾。到了最后，这种矛盾也就完全变质，不再属于人民内部矛盾的范围，而成为敌我矛盾的一部分了。"[2]关于矛盾转化的观点，毛泽东

---

[1] 中共中央文献研究室编：《毛泽东哲学批注集》，中央文献出版社，1988年版，第201页。
[2]《建国以来重要文献选编》第9册，中央文献出版社1994年版，第562—563页。

突破了苏联理论界僵化的观点，他多次批评了斯大林在矛盾问题上的形而上学观点。例如，在《联共（布）党史》第四章第二节中，只讲统一双方的"联系"，而不讲对立双方的联系；在事物的内在矛盾一节中，只讲对立面的斗争，而不讲对立面的统一。又如，在《简明哲学辞典》中否认战争与和平、无产阶级与资产阶级、生与死等现象之间的同一性。这些都反映出斯大林没看到矛盾双方在一定条件下可以相互转化。毛泽东始终坚持马克思主义唯物辩证法的矛盾观点，认为"我们必须学会全面地看问题，不但要看到事物的正面，也要看到它的反面。在一定条件下，坏的东西可以引出好的结果，好的东西也可以引出坏的结果"。辩证地看，好事可以变坏事；反之，坏事也可以变好事。比如，"一九五六年下半年发生的反共反人民的世界性的风潮，当然是坏事。但是它教育了和锻炼了各国共产党和工人阶级，这就变成好事"。

矛盾双方相互转化是有条件的、相对的，不是无条件的、绝对的。毛泽东十分重视矛盾双方转化的"条件性"，强调如果没有一定的条件，斗争的双方不会相互转化，或者转化的过程缓慢。新中国成立初期，摆在全党和全国人民面前的重要任务就是掌握不同性质的矛盾，把握矛盾转化规律，利用条件、创造条件，促成矛盾向有利的方面转化，变消极因素为积极因素，动员一切积极力量为社会主义建设服务。在《关于正确处理人民内部矛盾的问题》中，毛泽东举例说明："中国的穷国地位和在国际上无权的地位也会起变化，穷国将变为富国，无权将变为有权——向相反的方向转化。在这里，决定的条件就是社会主义制度和人民团结一致的奋斗。"① 就正确区分和处理社会主义社会的矛盾而言，"条件"就是处理不同性质矛盾所采取的方针方法。关于这一点，毛泽东在《关于正确处理人民内部矛盾的问题》中指出："在一般情况下，人民内部矛盾不是对抗性的，但是如果处理得不适当或者失去警觉，麻痹大意，也可能发生对抗。"② 比如，党和政府在工作中造成的失误，如果长期得不到纠正的话，可能导致人民内部矛盾尖锐化，甚至有可能转化为敌我矛盾。同样的，如果处理得当，对抗性矛盾也可以转化为非对抗性矛盾。比如，工人阶级和民族资产阶级之间的剥削与被剥削矛盾，本属于对抗性矛盾，但是如果处理得当，可以转化为非对抗性矛盾。

---

① 《毛泽东文集》第 7 卷，人民出版社 1999 年版，第 239 页。
② 《毛泽东文集》第 7 卷，人民出版社 1999 年版，第 211 页。

三、把正确处理人民内部矛盾作为国家政治生活的主题

马克思主义社会矛盾理论认为,在阶级社会中,阶级斗争是社会的主要矛盾,国家政治生活的主要内容也必然是阶级斗争。在社会主义社会,剥削制度已经消灭,阶级矛盾不再是社会的主要矛盾,出现并突显出许多新的社会矛盾。社会主义社会虽然还存在两种完全不同性质的矛盾,但是主要地且大量地表现为人民内部矛盾。有鉴于此,毛泽东认为能否正确处理人民内部矛盾,是关系到党和国家事业能否顺利推进的关键课题。《关于正确处理人民内部矛盾的问题》中明确提出,正确处理人民内部矛盾是社会主义国家政治生活的主题。在反右派斗争开始不久,毛泽东在1957年7月写的《一九五七年夏季的形势》也继续肯定了这一主题。文中指出:"我们的目标,是想造成一个又有集中又有民主,又有纪律又有自由,又有统一意志、又有个人心情舒畅、生动活泼,那样一种政治局面,以利于社会主义革命和社会主义建设,较易于克服困难,较快地建设我国的现代工业和现代农业,党和国家较为巩固,较为能

够经受风险。总题目是正确地处理人民内部的矛盾和正确地处理敌我矛盾。"①

（一）社会主义建设时期国家政治生活主题的现实依据

1956年，我国社会主义制度已经基本确立后暴露出的一些社会矛盾，急需我们党澄清两大问题：第一，在我国，阶级矛盾是否已下降为次要矛盾，我们的主要任务是否从解放生产力转变为保护和发展生产力？第二，在对抗已经消除的条件下，社会主义社会发展的根本动力和直接动力是什么，执政党应当如何认清这一形势变化并作出科学决策？

为了从理论上和实践上厘清我国社会主要矛盾，进一步消除党内外人士的疑虑，更好地领导全国人民进行社会主义建设，以毛泽东同志为主要代表的中国共产党第一代中央领导集体对上述问题作出科学回答，明确了我国进入社会主义社会后的环境形势、主要矛盾和基本任务。

---

①《建国以来毛泽东文稿》第6册，中央文献出版社1992年版，第543—544页。

一是我国正处在社会大变动时期,是一个由革命转向建设,由过去的革命转向"技术革命"和"文化革命"的时期。毛泽东批评了那些没有看清我国已进入"社会主义建设"阶段的思想,指出"我们的根本任务已经由解放生产力变为在新的生产关系下面保护和发展生产力"。[①]一方面,社会主义制度已基本确立,我国面临的主要任务就是继续保护和发展生产力,进行大规模的经济建设,把中国建设成一个具有现代工业、现代农业、现代国防和现代科学文化的社会主义国家。1957年3月12日,毛泽东在全国宣传工作会议上指出:"我们现在是处在一个社会大变动的时期。中国社会很久以来就处在大变动中间了。抗日战争时期是大变动,解放战争时期也是大变动。但是就性质来说,现在的变动比过去的变动深刻得多。我们正在建设社会主义。有几亿人口进入社会主义的改造运动。全国各个阶级的相互关系都在起变化。农业和手工业方面的小资产阶级和工商业资产阶级,都发生了变化。社会经济制度变化了,个体经济变为集体经济,资本主义私有制正在变为社会主义公有制。"又说,"推翻旧的社会制度,建立新的社会制度,即社会主义制度,这是一场伟大的斗争,是社会

[①]《毛泽东文集》第7卷,人民出版社1999年版,第218页。

制度和人的相互关系的一场大变动。应该说，情况基本上是健康的"。①另一方面，社会主义制度刚刚建立起来，社会主义与资本主义的胜负已经明确，但是巩固和完善社会主义制度具有长期性和艰巨性。"要使它最后巩固起来，必须实现国家的社会主义工业化，坚持经济战线上的社会主义革命，还必须在政治战线和思想战线上，进行经常的、艰苦的社会主义革命斗争和社会主义教育。"②

二是生产关系与生产力之间、上层建筑与经济基础之间的矛盾运动是我国社会发展的根本动力，"同自然界作斗争"成为我国经济社会发展的直接动力。毛泽东特别分析了"阶级斗争"和"同自然界作斗争"两者在我国社会主义社会初期所处的地位，认为现阶段我国社会发展的动力不再是大规模的阶级斗争。1957年3月12日，毛泽东在全国宣传工作会议上谈道："共产党能领导阶级斗争，也就能领导向自然界作斗争。如果有这样一个党，叫共产党，他就只能作社会斗争，要率领整个社会向自然界作斗争就不行了，那末这样一个党就应该灭亡。共产党过去忙于阶级斗争，一直到现在，阶级

---

① 《毛泽东文集》第7卷，人民出版社1999年版，第267—268页。
② 《建国以来毛泽东文稿》第6册，中央文献出版社1992年版，第379页。

斗争基本完结了，但还没有完全完结，许多政治问题要它来处理。跟别的东西一样，阶级斗争也是学会的，我们是花了几十年的功夫，从一九二一年起到党的七大，花了二十四年，才使我们对阶级斗争有一套科学，有一套根据马克思主义原则、合乎中国情况的战略、策略。学会自然科学可能也要这样长的时间。中国共产党是领导阶级斗争胜利了的党，现在的任务是要向自然界作斗争，就是要搞建设，搞建设就需要科学，要学会这个东西。"[1] 这是从"革命"向"建设"的转变，党要领导广大人民群众全力搞好社会主义现代化建设，要培养一批科学家、工程师、医生、大学教授等为社会主义建设服务，要正确处理人民内部矛盾，为发展生产力扫除障碍。

三是大规模的急风暴雨式的阶级斗争已经基本结束，新形势下我国的主要矛盾和主要任务发生变化。1956年9月，中共八大《关于政治报告的决议》中对社会主义主要矛盾和主要任务作出明确阐述："我们国内的主要矛盾，已经是人民对于建立先进的工业国的要求同落后的农业国的现实之间的矛盾，已经是人民对于

---

[1] 逄先知、金冲及编：《毛泽东传（1949—1976）》上，中央文献出版社2003年版，第639页。

《关于正确处理人民内部矛盾的问题》研读

经济文化迅速发展的需要同当前经济文化不能满足人民需要的状况之间的矛盾。这一矛盾的实质,在我国社会主义制度已经建立的情况下,也就是先进的社会主义制度同落后的社会生产力之间的矛盾。党和全国人民的当前的主要任务,就是要集中力量来解决这个矛盾,把我国尽快地从落后的农业国变为先进的工业国。"[①] 这是在1956年社会主义改造完成后党对国内形势的正确判断。不同于新民主主义革命时期强调以革命的手段进行阶级斗争,社会主义社会的主要矛盾发生了根本性的变化,人民内部矛盾居于主要地位,相应的,主要任务也发生了变化。《关于正确处理人民内部矛盾的问题》延续了党的八大的这一正确论断。事实上,毛泽东在《关于正确处理人民内部矛盾的问题》发表前后就在不同场合谈到当前社会的主要矛盾和主要任务,他多次强调,在阶级斗争基本结束后,我们的任务要转向搞经济建设,要率领整个社会,率领六亿人口,向自然界开战,发展生产力,把中国由农业国变为工业国。

基于以上判断,毛泽东提出,把正确处理人民内部矛盾作为国家政治生活的主题。《关于正确处理人民内

---

① 《建国以来重要文献选编》,第9册,中央文献出版社1994版,第341页。

部矛盾的问题》中提道:"在这个时候,我们提出划分敌我和人民内部两类矛盾的界限,提出正确处理人民内部矛盾的问题,以便团结全国各族人民进行一场新的战争——向自然界开战,发展我们的经济,发展我们的文化,使全体人民比较顺利地走过目前的过渡时期,巩固我们的新制度,建设我们的新国家,就是十分必要的了。"[1] 周恩来在谈到这个问题时也曾说:"为什么在现在,毛主席在最高国务会议扩大会议上提出正确处理人民内部矛盾问题?就是因为我们革命阶段过去了,或者说基本上过去了。……现在面临着社会主义建设的阶段。这个阶段,由于革命阶段过去了,大规模群众性阶级斗争结束了,因此人民内部的矛盾就露出来了,这些问题就多起来,就需要我们处理。……在社会主义建设阶段有许多新问题,最主要的是人民内部矛盾问题。"[2] 可见,把正确处理人民内部矛盾作为国家政治生活的主题不是凭空设想的,而是有一定的社会历史根源和当前形势依据,已经在党内领导集体中形成共识。

---

[1]《毛泽东文集》第7卷,人民出版社1999年版,第216页。
[2] 薄一波:《若干重大决策与事件的回顾》(修订本)下卷,人民出版社1997年版,第588—589页。

（二）把正确处理人民内部矛盾作为一个"总题目"

在承认社会主义社会充满矛盾，辩证区分两类不同性质的矛盾，以及科学提出解决矛盾的方式方法后，毛泽东又论述了正确处理人民内部矛盾在经济社会发展中的地位问题。当时国内理论界对人民内部矛盾的看法大致有两种：一种是盲目的、不自觉的、绝对的态度，片面强调社会主义社会内部的统一，一味强调领导的正确性和权威性，否认或者忽视人民内部存在着矛盾，否认或者忽视国家机关工作人员工作中的错误和缺点；另一种是自觉的、分析的、自我批评的态度，既承认社会主义社会中人民内部是统一的，又承认社会主义社会中的人民内部矛盾，既肯定领导工作的成就，肯定一定范围的集中的必要，又肯定领导工作中的错误和缺点的存在，肯定在社会主义社会中扩大民主生活、扩大批评和自我批评的必要。面对这种思想认识上的分歧，毛泽东提出了正确处理人民内部矛盾是一个"总题目"，主张全面地、辩证地看待人民内部问题，并在社会主义建设实践中不断探索调和矛盾、解决矛盾的方法。

把正确处理人民内部矛盾作为一个"总题目"，主要是相对于敌我矛盾而言。毛泽东在《关于正确处理人民内部矛盾的问题》中开宗明义点明正确处理人民内部矛盾在党和国家政治生活中的重要地位。文本开篇第一句话就是:"关于正确处理人民内部矛盾的问题,这是一个总题目。……在这里,也要说到敌我矛盾的问题,但是重点是讨论人民内部的矛盾问题。"事实上,人民内部矛盾不是社会主义制度建立后才出现的,在过去各个革命时期都存在,只是由于当时的根本任务是集中力量对付革命敌人、处理敌我矛盾和阶级矛盾,人民内部矛盾在一定程度上没有凸显出来,或者摆在十分重要的位置来讲。随着大规模阶级斗争基本结束,敌我矛盾、剥削阶级与被剥削阶级之间的矛盾已经基本解决,相应的,人民内部矛盾就大量涌现出来并引起关注。因势而变,党和国家政治生活的重心就转移到正确处理人民内部矛盾上来。1957年5月2日,《人民日报》发表了根据毛泽东意见撰写的《为什么要整风?》的社论,指出在社会主义改造基本完成之后,"人民内部矛盾已经在我国历史舞台上代替敌我矛盾而居于主要地位"。同时指明了这次整风运动的目的,就是要全党学会正确地处理人民内部的矛盾,以便完满地完成建成社会主义国家、发展社会主义事业的伟大任务。从具体方法上说,"要在全国采取扩大民主生活,扩大批评和自我批评的方法,使领导和群众之间的矛盾变得容易发现和容易解决，使全体人民在社会主义社会中有充分的自由、平等和主人翁的感觉。这样，他们就会更加容易脱离旧社会的影响，更积极地建设社会主义经济和文化"。①

把正确处理人民内部矛盾作为一个"总题目"，还突出表现在辩证地、全面地看待少数人闹事现象。在"多事之秋"的1956年，受到国际上苏共"二十大"和"波匈事件"的影响，以及社会主义改造遗留下来的问题，我国局部出现了工人罢工、学生罢课、群众请愿等群体性事件，这些新情况引起了毛泽东的高度重视，促使他对社会主义社会的矛盾进行了深入思索。党内有一些意见，把群众闹事笼统归纳为反革命势力的破坏和阶级斗争。毛泽东着重分析了这些社会事件的性质和特点，把这些新问题归结为在根本利益一致上的人民内部矛盾。他认为，就我国目前的情况来看，现在的阶级斗争，小部分是对抗性的敌我矛盾，但是大部分是非对抗性的人民内部矛盾。毛泽东在《关于正确处理人民内部矛盾的问题》"肃反问题"一节中指出："肃清反革命分子的问题是敌我矛盾的斗争问题。……有右倾思想的人不分敌我，认敌为我。广大群众认为是敌人，他们却认为是朋友。有'左'倾思想的人则把敌我矛盾扩大

---

① 《为什么要整风》，《人民日报》1957年5月2日。

化，以至把某些人民内部的矛盾也看作敌我矛盾，把某些本来不是反革命的人也看作反革命。这两种看法都是错误的，都不能正确地处理肃反问题，也不能正确地估计我们的肃反工作。"[1]应当承认，群众闹事是人民内部矛盾激化的表现结果，少数人闹事事件正是从侧面反映出我国还存在一定的人民内部矛盾，并且在社会矛盾中占突出地位。这样，毛泽东就透过复杂的现象看到社会主义社会矛盾的本质，把敌我矛盾和阶级斗争放在次要位置，把正确处理人民内部矛盾作为国家政治生活的主题。

不可否认，1957年反右派斗争的严重扩大化以及之后"左"的错误不断蔓延和发展，直到"文化大革命"提出"千万不要忘记阶级斗争""阶级斗争要年年讲、月月讲、天天讲""以阶级斗争为纲"等一系列指示，都偏离了中共八大和《关于正确处理人民内部矛盾的问题》中对社会主义社会主要矛盾和主要任务的正确判断，严重混淆两类不同性质的矛盾，从而造成全国性的内乱。这些反面教训也说明了严格区分两类不同性质的社会矛盾、把正确处理人民内部矛盾作为国家政治生活的主题是一次十分可贵的探索。

---

[1]《毛泽东文集》第7卷，人民出版社1999年版，第216—217页。

(三)"十二个小题目":三种不同类型的人民内部矛盾

毛泽东对人民内部矛盾进行了科学归纳,主要为以下三种:一是人民内部各阶级、阶层和社会集团之间的矛盾。包括工人阶级内部的矛盾,农民阶级内部的矛盾,知识分子内部的矛盾,工农两个阶级之间的矛盾,工人、农民同知识分子之间的矛盾,工人阶级和其他劳动人民同民族资产阶级之间的矛盾,民族资产阶级内部的矛盾等。二是党和政府同人民群众之间的矛盾。"人民政府代表人民利益,是为人民服务的,但是人民政府同人民群众之间也有矛盾"。其中包括国家利益、集体利益同个人利益之间的矛盾,民主同集中之间的矛盾,领导同被领导之间的矛盾等。三是客观规律同主观认识之间的矛盾。领导上的官僚主义和广大群众思想政治教育上的缺失,都是主观认识和客观规律发生矛盾的原因。特别是一些国家工作人员错误的主观认识和工作方法,会进一步引发和激化矛盾,"有时因为主观安排不符合客观情况,发生矛盾,破坏平衡,这就叫做犯错误"[①]。

---

① 《毛泽东文集》第7卷,人民出版社1999年版,第216页。

《关于正确处理人民内部矛盾的问题》把"关于正确处理人民内部矛盾的问题"作为一个"总题目",又分领域列出十二个小题目。除前两节讲"两类不同性质的矛盾"和"肃反问题"外,从第三节到第十二节对不同类型的人民内部矛盾作了具体阐述。其中,重点讲了政治方面和思想方面的人民内部矛盾,经济方面的矛盾也有所涉及,但相较于《论十大关系》,《关于正确处理人民内部矛盾的问题》更侧重于前者。

第一,《关于正确处理人民内部矛盾的问题》全面分析了不同群体之间的矛盾。其中对农业合作化问题、知识分子问题、民族资产阶级问题和少数民族问题等人民群众内部矛盾作了精辟的论述。关于农业合作社,1954年4月和7月,邓子恢在关于农业合作化运动的相关讲话中,两次谈到"劳动人民内部的矛盾"这一概念。他认为,半社会主义性质的农业合作社是有矛盾的,新社员与老社员、土地多的与土地少的社员、合作社与个体农民、合作社与互助组、这个社和那个社等都有矛盾。但是"这些矛盾不是对抗性的阶级矛盾,是劳动人民内部的矛盾。因此,处理这些矛盾,不是采取阶级斗争的方法,而是要用社会主义精神来妥善处理。"①

---

① 分别指1954年4月全国第二次农村工作会议和1954年7月青年团中央农村工作会议。参见《中国青年》1954年第17期。

这一认识在《关于正确处理人民内部矛盾的问题》中同样体现，"合作社正在经历一个逐步巩固的过程。它还存在着一些需要解决的矛盾。例如，在国家同合作社之间，在合作社内部，在合作社同合作社相互之间，都有一些矛盾需要解决。我们必须经常注意从生产问题和分配问题上处理上述矛盾"①。在生产问题上，要注意国家的统一计划与合作社自身的灵活性和独立性相结合；在分配问题上，要注意统筹兼顾国家利益、集体利益和个人利益。同时，《关于正确处理人民内部矛盾的问题》也明确提到合作社取得的巨大成就，成功解决了社会主义工业化和个体农业经济之间的矛盾，为正确处理工人阶级和农民阶级之间的矛盾提供有力物质保障。

对社会主义时期工人阶级与民族资产阶级矛盾的特殊性进行深入剖析，是《关于正确处理人民内部矛盾的问题》的突出理论贡献。马克思主义认为，资产阶级和无产阶级在本质上是相互对立的两个阶级，资产阶级是无产阶级革命的对象。资产阶级同无产阶级的矛盾是不可调和的对抗性质的敌我矛盾。但是，马克思、恩格斯也多次讲过，对待社会主义革命问题不一定采取"革命"手段，在一定条件下可以用"和平"的方法处理。

---

①《毛泽东文集》第7卷，人民出版社1999年版，第221页。

恩格斯说:"我们决不认为,赎买在任何情况下都是不容许的;马克思曾向我讲过(并且讲过好多次!)他的意见:假如我们能赎买下这整个匪帮,那对于我们最便宜不过了。"①毛泽东从我国的历史和现实出发,把资产阶级划分为官僚资产阶级和民族资产阶级。他指出,官僚资产阶级是革命的敌人,应当采取推翻和没收的政策来加以消灭;民族资产阶级无论是在民主革命时期还是在社会主义革命时期,都属于我国统一战线中的一支重要力量,应采取和平赎买的方法来加以改造。我国的民族资产阶级具有两面性:"在资产阶级民主革命时期,它有革命性的一面,又有妥协性的一面。在社会主义革命时期,它有剥削工人取得利润的一面,又有拥护宪法、愿意接受社会主义改造的一面。"②因此,在我国,工人阶级同民族资产阶级的矛盾属于人民内部矛盾。它本来是一种剥削阶级与被剥削阶级之间的对抗性矛盾,但如果处理得当,用和平的、民主的、说服教育的方法解决矛盾,又可以转化为非对抗性的矛盾。

在《关于正确处理人民内部矛盾的问题》问世之前,我国理论界关于工人阶级同民族资产阶级之间的矛

---

① 《马克思恩格斯选集》第4卷,人民出版社1995年版,第503页。
② 《毛泽东文集》第7卷,人民出版社1999年版,第206页。

盾性质问题曾展开激烈讨论，但一直未能定论。1952年《学习》杂志上发表的一系列文章，根据"五反"运动中暴露出来的问题，否定民族资产阶级在现阶段还存在着两面性的说法，认为它只有反动腐朽的一面，并否定其在社会主义过渡时期的积极作用。这些观点遭到了毛泽东的批评，他在《致黄炎培》的信中谈道："在现阶段，允许资产阶级存在，但须经营有益于国家人民的事业，不犯'五毒'，这就是工人阶级对于资产阶级的领导，也就是共同纲领所规定的。超过这个限度，而要求资产阶级接受工人阶级的思想，或者说，不许资产阶级想剥削赚钱的事情，只许他们和工人一样想'没有劳动就没有生活'的事情，只想社会主义，不想资本主义，那是不可能的，也是不应该的。今年上半年北京的《学习》杂志上有些写文章的同志曾提出了这样的意见，我们已叫他们作了更正"[①]。1956年8月到1957年2月期间，《人民日报》《光明日报》《哲学研究》《大公报》《新建设》等报刊开展了"过渡时期中国工人阶级与民族资产阶级矛盾性质"的大讨论。有观点认为，工人阶级与资产阶级处于被剥削与剥削的关系，其矛盾性质始终是对抗性的；也有观点认为，在过渡时期，工人

---

① 《毛泽东书信选集》，中央文献出版社2003年版，第405—406页。

阶级同民族资产阶级的矛盾基本上是非对抗性的,局部是对抗性的。还有观点则认为,二者的矛盾性质具有两重性:一方面,民族资产阶级和工人阶级之间的关系是剥削与被剥削的关系,具有对抗性;另一方面,它们之间由于具有反帝、反封建以及发展国民经济的共同利益,又具有非对抗性。这种观点较为客观中立,但在矛盾的主要方面和次要方面,以及对抗性矛盾和非对抗性矛盾之间相互转化问题上没作具体阐述。之后,毛泽东在《关于正确处理人民内部矛盾的问题》中论述并解决了以上问题,从理论高度和实践维度对此次大讨论作了总结。

《关于正确处理人民内部矛盾的问题》也阐释了工农阶级同知识分子之间,以及知识分子阶级内部的矛盾。在充分肯定知识分子为社会主义建设事业作出贡献的基础上,也强调知识分子为适应新社会的需求,继续改造自己、树立正确的世界观、加强思想政治教育的必要性和紧迫性。对知识分子是否应该树立无产阶级世界观,是否应该接受马克思列宁主义和共产主义的问题,《关于正确处理人民内部矛盾的问题》采取了"不苛求""不强制"的态度,指出"只要他们服从国家的要求,从事正常的劳动,我们就应当给他们以适当工作的机会",并规定了对知识分子的教育方针,"应该使受教育者在德育、智育、体育几方面得到发展,成为有社会主义觉悟的有文化的劳动者"。

妥善处理好劳动人民内部的矛盾及物质利益关系,还鲜明地体现在正确处理好各民族之间的关系问题上。《关于正确处理人民内部矛盾的问题》着重强调汉民族和少数民族之间的矛盾。毛泽东指出,无论是"大汉族主义"的倾向还是"地方民族主义"的倾向,都不利于全国各民族的团结和社会主义的建设。

第二,《关于正确处理人民内部矛盾的问题》充分认识到党和政府同人民群众之间的矛盾。《关于正确处理人民内部矛盾的问题》中"统筹兼顾、适当安排"一节主要批驳了过分狭隘的"小圈子主义",认为它与党的群众观点和群众路线相违背。持有"小圈子主义"错误思想的人们,同"调动一切积极因素,团结一切可能团结的力量,并且尽可能将消极因素转化为积极因素,为社会主义建设的伟大事业而服务"的总方针相背离,脱离了中国共产党在长期革命与建设实践中所积累起来的宝贵经验——群众路线。相反的,我们应该从我国拥有六亿人口的客观实际出发,采取统筹兼顾的方法,根据当时当地的具体条件和具体问题,作出各种适当的安排。"决不可以嫌人多,嫌人落后,嫌事情麻烦难办,推出门外了事。……许多人,许多事,可以由社会团体想办法,可以由群众直接想办法……我们应当指导社会团体和各地群众这样做。"[1]

《关于正确处理人民内部矛盾的问题》指出,少数人闹事问题也体现了党的一些领导干部同群众之间的矛盾。在排除了少数反革命分子和违法分子蓄意带头闹事这一类敌我矛盾之后,毛泽东谈到大部分闹事事件是由于群众的物质要求未能得到满足造成的,这些属于党同人民群众之间的矛盾,属于人民内部矛盾的范畴。文中分析指出了群众闹事的两个主要原因:一是领导上的官僚主义;二是对群众缺乏思想政治教育。但归根结底,还是上级领导机关和领导干部在工作上采取了简单粗暴的处理方式。因此,要减少"少数人闹事问题",必须重点加强克服官僚主义。

第三,《关于正确处理人民内部矛盾的问题》具体阐述了政治、经济、思想文化各领域的矛盾。在政治领域,无产阶级政党代表最广大人民群众的根本利益这一属性,决定了在处理党内外矛盾及国家政治生活运行中必须实行民主的政治制度与政治路线。在党内政治生活中,应当造成一个既有集中又有民主的局面,以保证党的高度团结和充满活力。在广大人民群众中,应当实行

---

[1]《毛泽东文集》第7卷,人民出版社1999年版,第228页。

不同于任何资产阶级国家的最广大的民主,"从群众中来、到群众中去",以保证团结一切可以团结的力量。在共产党与其他民主党派的关系中,应当坚持民主革命时期统一战线的优良传统,以保证共产党领导下多党合作的政治协商制度有力运行。在1956年4月发表的《论十大关系》中,毛泽东就论述了"究竟是一个党好,还是几个党好"的问题,首次提出了共产党与各民主党派合作的基本方针——"长期共存、互相监督"。《关于正确处理人民内部矛盾的问题》又进一步强调了各党派长期共存的良好愿望及其政治基础,同时分析了各党派互相监督的必要性和可能性,为后来实行的政治协商制度奠定了基础。

在经济领域,《关于正确处理人民内部矛盾的问题》重点论述了大规模经济建设同我国现阶段经济落后的现实之间的矛盾。毛泽东提出了"工业和农业必须同时并举""没有农业,就没有轻工业""重工业以农业为市场"等论断。他指出:"我国的经济建设是以重工业为中心,这一点必须肯定。但是同时必须充分注意发展农业和轻工业。"又谈到"我国是一个大农业国,农村人口占全国人口的百分之八十以上,发展工业必须和发展农业同时并举,工业才有原料和市场,才有可能为建立强大的重工业积累较多的资金"。① 这一统筹兼顾重工业、轻工业和农业三者之间关系的思想,为后来制定国民经济总方针和探讨社会主义经济建设规律作出了理论贡献。另外,毛泽东还特别强调,经济发展规律和主观认识之间存在着矛盾,需要在实践中不断解决。"这个矛盾,也将表现为人同人之间的矛盾,即比较正确地反映客观规律的一些人同比较不正确地反映客观规律的一些人之间的矛盾,因此也是人民内部的矛盾。"② 这就需要我们不断摸索和正确认识社会主义建设规律,既不能夸大经济客观规律的作用而忽视人的主观能动性,也不能单纯强调人的主观能动性而违背经济发展的客观规律。

一分为二地看,经济领域主要包含了我国既是一个社会主义大国,又是一个经济文化穷国的矛盾。解决这个矛盾的一个途径和方法则是节约,因此"厉行节约、反对浪费"被规定为我国当时勤俭建国的方针。《关于正确处理人民内部矛盾的问题》强调,节约的方针不仅要在国民经济各部门认真推行,还要在一般机关、部队、学校、人民团体中认真推行,力求"用较少的钱办较多的事"。不仅要"精简机关、下放干部",还要使全

---

① 《毛泽东文集》第7卷,人民出版社1999年版,第241页。
② 《毛泽东文集》第7卷,人民出版社1999年版,第242页。

《关于正确处理人民内部矛盾的问题》研读

体人民群众加入增产节约运动的大队伍中来,"中国共产党、民主党派、无党派民主人士、知识分子、工商业者、工人、农民、手工业者,总之,我们六亿人口都要实行增产节约,反对铺张浪费"。①

在思想文化领域,《关于正确处理人民内部矛盾的问题》明确提出:"百花齐放、百家争鸣的方针,是促进艺术发展和科学进步的方针,是促进我国的社会主义文化繁荣的方针。艺术上不同的形式和风格可以自由发展,科学上不同的学派可以自由争论。"②反对利用行政力量干涉艺术和科学的发展,主张通过"自由讨论"的方法去判断和解决科学文化领域中的是非问题,"在文学、新闻等方面,解决问题要用小小民主,小民主之上再加上一个'小'字,就是毛毛雨,下个不停"。③关于意识形态方面的阶级斗争问题,毛泽东深刻剖析了马克思主义思想与非马克思主义思想,甚至是反马克思主义思想三者之间的矛盾。他主张采取讨论的、批评的、说理的方法解决这一精神世界的问题,在实践中谨慎地辨别"香花"和"毒草",克服错误的意见,发展正确的意见。"毫无疑问,我们应当批评各种各样的错误思想。

---

① 《毛泽东文集》第7卷,人民出版社1999年版,第240页。
② 《毛泽东文集》第7卷,人民出版社1999年版,第229页。
③ 《毛泽东文集》第7卷,人民出版社1999年版,第264页。

不加批评，看着错误思想到处泛滥，任凭它们去占领市场，当然不行。有错误就得批评，有毒草就得进行斗争。"[1] 但是，这种批评必须采取辩证的态度，而非教条主义的和形而上学的态度。与此同时，他又分析论证了"能否对马克思主义加以批评"的问题。他说，"马克思主义是一种科学真理，它是不怕批评的"，马克思主义是在不断经受批评与斗争之中成熟和发展起来的，这不仅符合真理发展的客观规律，也符合马克思主义发展的客观规律。

---

[1]《毛泽东文集》第7卷，人民出版社1999年版，第232—233页。

第四章

关于正确处理人民内部矛盾的方针方法

《关于正确处理人民内部矛盾的问题》在系统论述社会主义社会矛盾理论的基础上,提出要用民主的方法解决人民内部的矛盾,总的公式是"团结—批评—团结",同时针对不同领域、不同范畴的矛盾提出具体的解决措施,为调动一切积极力量进行社会主义建设奠定了方法论基础,在关键历史时期对党和国家建设产生重大指导作用。

一、一个总原则:"团结—批评—团结"

《关于正确处理人民内部矛盾的问题》主张用民主的、讨论的、说服教育的方法来处理人民内部矛盾,具体化为一个公式就是"团结—批评—团结",这一原则是手段和目的的统一,从团结的愿望出发处理矛盾、化解矛盾,并在新的基础上达到新的团结。它适用于处理党群关系、军民关系、官兵关系及其他人民内部的关系,适用于农业合作社、工厂、学校、机关、团体等各个领域,也适用于中国六亿人口。1959年7月26日,毛泽东在《对于一封信的评论》中又一次指出:"团结—批评—团结,惩前毖后,治病救人,是我们解决党内矛盾、人民内部矛盾的正确的已被历史证明有效的方法,我们一定要坚持这种方法。"[①]

首先,采用民主的方法解决人民内部矛盾,是基于对两类矛盾的不同性质的考虑。毛泽东认为,正确处理社会矛盾的前提就是明确敌我矛盾和人民内部矛盾的

---

① 《建国以来毛泽东文稿》第8册,中央文献出版社1993年版,第380—381页。

性质。由于两类社会矛盾的性质不同,其解决方法也就不同。敌我矛盾是分清敌我的问题,人民内部矛盾则是分清是非的问题。敌我矛盾的对抗性和不可调和性决定了必须采取专政的方法解决,人民内部矛盾的非对抗性和可调和性决定了只能采取民主的方法解决。《关于正确处理人民内部矛盾的问题》中指出:"敌我之间的矛盾是对抗性的矛盾。人民内部的矛盾,在劳动人民之间说来,是非对抗性的;在被剥削阶级和剥削阶级之间说来,除了对抗性的一面以外,还有非对抗性的一面。……一般说来,人民内部的矛盾,是在人民根本利益一致的基础上的矛盾。"[1]敌我矛盾的对抗性决定了对敌人必须采取专政的手段,"专政的第一个作用,就是压迫国家内部的反动阶级、反动派和反抗社会主义革命的剥削者,压迫那些对于社会主义建设的破坏者,就是为了解决国内敌我之间的矛盾。……专政还有第二个作用,就是防御国家外部敌人的颠覆活动和可能的侵略。在这种情况出现的时候,专政就担负着对外解决敌我之间的矛盾的任务"[2]。

与此相反,解决在根本利益一致基础上的人民内

---

[1]《毛泽东文集》第7卷,人民出版社1999年版,第205—206页。
[2]《毛泽东文集》第7卷,人民出版社1999年版,第207页。

部矛盾则必须采用民主的方法。《关于正确处理人民内部矛盾的问题》一文明确规定:"凡属于思想性质的问题,凡属于人民内部的争论问题,只能用民主的方法去解决,只能用讨论的方法、批评的方法、说服教育的方法去解决,而不能用强制的、压服的方法去解决。"[1]同时强调,"对待人民内部的思想问题,对待精神世界的问题,用简单的方法去处理,不但不会收效,而且非常有害。不让发表错误意见,结果错误意见还是存在着。而正确的意见如果是在温室里培养出来的,如果没有见过风雨,没有取得免疫力,遇到错误意见就不能打胜仗。因此,只有采取讨论的方法,批评的方法,说理的方法,才能真正发展正确的意见,克服错误的意见,才能真正解决问题"[2]。关于这一点,刘少奇也指出:"我们采取什么方针和方法来解决矛盾,不是凭主观愿望决定的,而是由客观矛盾的性质决定的。只在必要的时候才采取强力的办法、压服的办法。凡是可以采取说服、教育、团结的办法来解决问题的时候,我们都是采取说服、教育、团结的办法"[3]。

其次,采用民主的方法解决人民内部矛盾,是马克

---

[1]《毛泽东文集》第7卷,人民出版社1999年版,第209页。
[2]《毛泽东文集》第7卷,人民出版社1999年版,第232页。
[3]《刘少奇选集》下卷,人民出版社1985年版,第302页。

思主义立场、观点和方法的具体运用。马克思主义辩证法的本质，并非简单的、单纯的、任意的否定，而是作为联系和发展环节的辩证否定，通过扬弃达到肯定和否定新的统一。列宁在《黑格尔"逻辑学"一书摘要》中指出："对于简单的和最初的'第一个'肯定的论断、论点等等，'辩证的环节'，即科学的考察，要求指出差别、联系、转化。否则，简单的、肯定的论断就是不完全的、无生命的、僵死的。对于'第二个'否定的论点，'辩证的环节'要求指出'统一'，也就是指出否定的东西和肯定的东西的联系，指出这个肯定的东西存在于否定的东西之中。从肯定到否定——从否定到与肯定的东西'统一'，——否则，辩证法就要成为空洞的否定，成为游戏或怀疑论。"①

"团结—批评—团结"的方法与唯物辩证法所讲的否定之否定规律有高度的内在契合性。马克思主义者向来主张积极的团结，即有原则的团结。如果是放弃维护原则的批评和斗争，只以达到形式上、表面上的团结为目标，实际上则没有真正的团结。同样地，批评不是无目的的、斗争式的批评，批评与自我批评是为了教育与自我教育，纠正错误、引导方向，进而实现新的团结。

---

① 《列宁全集》第38卷，人民出版社1959年版，第244—245页。

毛泽东提出："从团结全党出发是第一，加以分析批评是第二，然后再来一个团结。团结、批评、团结，这就是我们的方法，这就是辩证法。"①

最后，采用民主的方法解决人民内部矛盾，是中国共产党在领导中国革命和建设过程中积累的宝贵经验。运用"批评与自我批评"这个有力武器解决党内矛盾、党群矛盾是中国共产党的优良传统。抗日战争时期，针对抗日民族统一战线内部的复杂斗争，毛泽东创造性地提出了"既联合又斗争"的策略。在1942年延安整风运动中，这一经验被凝练为"团结—批评—团结"的方法，以区别于前一时期"左"倾教条主义下采取的"残酷斗争、无情打击"的斗争方式。这种解决党内矛盾、解决党同人民群众之间矛盾的方法，是一种民主的温和的非命令主义的矛盾处理方法。在开展具体工作的过程中，反对采取"一棍子把人打死"的办法。而是坚持既要弄清思想，又要团结同志；既要解决问题，又要治病救人；既不含糊敷衍，又不损害同志。

"团结—批评—团结"已经被历史证明是行之有效的解决人民内部矛盾的方法，"总的倾向是要把病治好，把人救了，真正要达到治病救人的目的，不是讲讲而

---

①《毛泽东文集》第3卷，人民出版社1999年版，第256页。

已。第一条保护他,第二条批评他。首先要保护他,因为他不是反革命。这就是从团结的愿望出发,经过批评和自我批评,在新的基础上达到新的团结。在人民内部,对犯错误的人,都用保护他又批判他的方法,这样就很得人心,就能够团结全国人民,调动六亿人口中的一切积极因素,来建设社会主义"。①

毛泽东把"团结—批评—团结"这一公式运用到社会主义建设时期解决人民内部矛盾中,把社会主义矛盾学说推进到一个新的高度。"团结—批评—团结"这一总原则目的是在政治领域造成一个"又有集中又有民主,又有纪律又有自由,又有统一意志又有个人心情舒畅、生动活泼,那样一种政治局面";在科学文化领域实施"百花齐放,百家争鸣"的方针,使科学技术、文学艺术繁荣发达;在社会其他重要领域,团结一切可以团结的力量,调动一切积极因素,使党的事业保持活力,人民事业欣欣向荣,社会主义社会蓬勃发展。

---

① 毛泽东:《在中国共产党第八届中央委员会第二次全体会议上的讲话》,1956年11月15日。

二、几个领域的具体方法

（一）政治领域：民主集中制

毛泽东关于民主集中制的思想，是在总结中国革命、建设经验和教训的基础上，在继承发扬马克思列宁主义关于民主集中制的思想成果的过程中，逐渐深化、发展而成的，是马克思主义基本原理同中国具体国情相结合的智慧结晶。

1927年3月，毛泽东在考察了湖南湘潭、湘乡、衡山、醴陵、长沙五县的农民运动后，在《湖南农民运动考察报告》中指出："凡事取决于县长和革命民众团体的联合会议。……在这样的会议里，各民众团体的意见影响县长，县长总是唯命是听。所以，在湖南采用民主的委员制县政治组织，应当是没有问题的了。"① 这里毛泽东所讲的"民主的委员制"这一县级政治组织形式，就是其民主集中制思想在政权组织形式上的萌发。在大革命失败后，毛泽东等中国共产党人开始冷静地总结经验和教训，不断摸索出一套关于军队和政权组织建

---

① 《毛泽东选集》第1卷，人民出版社1991年版，第30页。

设的模式。1928年11月25日,毛泽东在《井冈山的斗争》一文中指出:"中国不但人民需要民主,军队也需要民主主义。军队内的民主主义制度,将是破坏封建雇佣军队的一个重要的武器。"[1] 同时,在论述政权组织问题时,毛泽东首次提出"民主集中主义的制度"和"民主集中主义"。在这里,"民主集中主义的制度"和"民主集中主义"虽然仅仅是对民主集中制的笼统概括,但却是中国共产党对民主集中制的初步设想。在讲到县、区、乡各级民众政权时,毛泽东指出:"民主集中主义的制度,一定要在革命斗争中显出了它的效力,使群众了解它是最能发动群众力量和最利于斗争的,方能普遍地真实地应用于群众组织。"[2] 由此可见,毛泽东在井冈山根据地时期,已经明确提出在政权组织和行政机关中实行民主集中制的问题。

1929年12月,毛泽东根据中央九月来信精神起草了古田会议决议案。他在《关于纠正党内的错误思想》一文中,对红四军党内存在的各种非无产阶级思想进行了深刻剖析,列举出单纯军事思想、极端民主化、非组织观念、绝对平均主义、主观主义、个人主义、流寇思

---

[1]《毛泽东选集》第1卷,人民出版社1991年版,第65页。
[2]《毛泽东选集》第1卷,人民出版社1991年版,第72页。

想、盲动主义残余等八种错误倾向，并指出了极端民主化的危害及产生根源，同时也提出了纠正的方法，为民主集中制的实践奠定了基础，加强了党的思想建设和组织建设。

关于纠正极端民主化的必要性和紧迫性，毛泽东说："极端民主化的来源，在于小资产阶级的自由散漫性。这种自由散漫性带到党内，就成了政治上的和组织上的极端民主化的思想。这种思想是和无产阶级的斗争任务根本不相容的。""极端民主化的危险，在于损伤以至完全破坏党的组织，削弱以至完全毁灭党的战斗力，使党担负不起斗争的责任，由此造成革命的失败。"①毛泽东在进行了上述分析后，号召红四军全党要彻底铲除党内的极端民主化，要求"从理论上铲除极端民主化的根源""在组织上，厉行集中指导下的民主生活"。在当时，这是非常重要的建党原则，既有助于克服党内自由散漫主义、加强党的团结，又有利于党内民主生活的正常开展。

同时，为了进一步纠正非组织观点和保证"集中指导下的民主生活"原则得以在党内贯彻，毛泽东又说："（一）开会时要使到会的人尽量发表意见。有争论

---

① 《毛泽东选集》第1卷，人民出版社1991年版，第88—89页。

的问题，要把是非弄明白，不要调和敷衍。一次不能解决的，二次再议（以不妨碍工作为条件），以期得到明晰的结论。（二）党的纪律之一是少数服从多数。少数人在自己的意见被否决后，必须拥护多数人所通过的决议。除必要时得在下一次会议再提出讨论外，不得在行动上有反对的表示。"[①]这里，毛泽东从革命的实际出发（尤其是军队建设）所阐述的民主集中制的思想，是对马列主义民主集中制的创造性运用——把无产阶级建军的根本组织原则更加具体化。这就为此后中国共产党在党的建设实践中逐步建立健全民主集中制奠定理论基础。

抗日战争爆发后，国民党在政治上继续推行一党专政，毛泽东则反复强调要改革政权组织形式，建立各民主党派、各革命阶级合作的民主政体，即民族民主统一战线的政府体制，并实行民主集中制。1937年7月23日，毛泽东在《反对日本进攻的方针、办法和前途》一文中阐述了这一思想："政府如果是真正的国防政府，它就一定要依靠民众，要实行民主集中制。它是民主的，又是集中的；最有力量的政府是这样的政

[①]《毛泽东选集》第1卷，人民出版社1991年版，第89—90页。

府。"①1938年10月14日,毛泽东在扩大的中共六中全会上作的《中国共产党在民族战争中的地位》的报告,特别强调了加强党的纪律和党内民主的重要性,指出:"(一)个人服从组织;(二)少数服从多数;(三)下级服从上级;(四)全党服从中央。""谁破坏了这些纪律,谁就破坏了党的统一。"②

抗战进入相持阶段后,国民党积极反共,消极抗日。1939年冬至1940年春,国民党顽固派掀起了第一次反共高潮。在中国内忧外患的紧要关头,为了教育全党积极应对国民党顽固派的挑战,毛泽东发表了著名的《新民主主义论》。其中,有关于中国的政体和国体的相关论述:"只有民主集中制的政府,才能充分地发挥一切革命人民的意志,也才能最有力量地去反对革命的敌人。'非少数人所得而私'的精神,必须表现在政府和军队的组成中,如果没有真正的民主制度,就不能达到这个目的,就叫做政体和国体不相适应。"③1942年2月1日,在《整顿党的作风》一文中,毛泽东指出:"一部分同志,只看见局部利益,不看见全体利益。他们总是不适当地特别强调他们自己所管的局部工作,总希望

---

① 《毛泽东选集》第2卷,人民出版社1991年版,第347页。
② 《毛泽东选集》第2卷,人民出版社1991年版,第528页。
③ 《毛泽东选集》第2卷,人民出版社1991年版,第677页。

使全体利益去服从他们的局部利益。他们不懂得党的民主集中制，他们不知道共产党不但要民主，尤其要集中。他们忘记了少数服从多数，下级服从上级，局部服从全体，全党服从中央的民主集中制。……要提倡顾全大局。每一个党员，每一种局部工作，每一项言论或行动，都必须以全党利益为出发点，绝对不许可违反这个原则。"①

1945年4月中共七大，毛泽东作了《论联合政府》的报告，明确指出："新民主主义的政权组织，应该采取民主集中制，由各级人民代表大会决定大政方针，选举政府。它是民主的，又是集中的，就是说，在民主基础上的集中，在集中指导下的民主。只有这个制度，才既能表现广泛的民主，使各级人民代表大会有高度的权力；又能集中处理国事，使各级政府能集中地处理被各级人民代表大会所委托的一切事务，并保障人民的一切必要的民主活动。"②1949年6月，毛泽东在《论人民民主专政》中鲜明提出：解决人民内部的问题，要用民主的方法即说服的方法，而不是强迫的方法，在中国现阶段，人民是工人阶级、农民阶级、民族资产阶级和城市

---
① 《毛泽东选集》第3卷，人民出版社1991年版，第821页。
② 《毛泽东选集》第3卷，人民出版社1991年版，第1057页。

小资产阶级的结合。对于人民内部，要实行民主制度，人民有言论、集会、结社等各项自由权，可以在全国范围内用民主的方法，教育和改造自己。①

1949年新中国成立后，在新民主主义社会向社会主义社会的过渡过程中以及对社会主义建设的初步探索中，毛泽东的民主集中制思想也在进一步趋于完善。1957年发表的《关于正确处理人民内部矛盾的问题》和《一九五七年夏季的形势》，都详细论证了民主集中制是采取民主的方法来解决人民内部矛盾的题中应有之义，并提出了关于民主集中制的一些科学论断。其中，《关于正确处理人民内部矛盾的问题》中明确指出：民主集中制就是"在民主基础上的集中和在集中指导下的民主"相结合的制度，它是无产阶级政党的根本组织原则。

概括地讲，毛泽东的民主集中制思想具有丰富而科学的内涵。

第一，民主与集中从本质上讲是辩证统一的，二者相辅相成、互为条件，是不能分割的矛盾统一体。一方面，《关于正确处理人民内部矛盾的问题》对社会主义制度下民主和自由的新内涵作了具体阐述。指出所谓的

---

① 《毛泽东选集》第4卷，人民出版社1996年版，第1475—1476页。

《关于正确处理人民内部矛盾的问题》研读

民主和自由都是具体的，而非抽象的，民主和自由都属于上层建筑的范畴，因此民主实际上只是一种手段而非目的。另一方面，《关于正确处理人民内部矛盾的问题》对民主和集中、自由和纪律的辩证关系作了系统论证。它强调民主和自由都是相对的，不是绝对的，而且都随着社会历史的发展而不断发展。"在人民内部，民主是对集中而言，自由是对纪律而言。这些都是一个统一体的两个矛盾着的侧面，它们是矛盾的，又是统一的，我们不应当片面地强调某一个侧面而否定另一个侧面。在人民内部，不可以没有自由，也不可以没有纪律，不可以没有民主，也不可以没有集中。这种民主和集中的统一，自由和纪律的统一，就是我们的民主集中制。"[①] 因此，我们主张有领导的自由，主张集中指导下的民主，而非无政府状态下的民主和自由。

第二，民主集中制作为根本的组织制度，是由中国共产党的政党性质和执政地位决定的。不同阶级立场的政党代表着不同阶级的利益，因而也具有不同的政治主张、政治纲领，实行不同的政治制度和政治路线。无产阶级政党代表无产阶级和最广大人民群众的根本利益，能够也应该在国家政治生活中实行民主的政治制度。

---

① 《毛泽东文集》第7卷，人民出版社1999年版，第209页。

毛泽东指出，社会主义民主是不同于任何资产阶级国家的最广大的民主，因为"在阶级斗争的社会里，有了剥削阶级剥削劳动人民的自由，就没有劳动人民不受剥削的自由。有了资产阶级的民主，就没有无产阶级和劳动人民的民主"①。他也批评了那些主张搞西方议会民主制度和两党制的观点，认为所谓的两党制不过是维护资产阶级专政的一种手段而已，它绝不能保障广大劳动人民的自由权利。我国是一个工人阶级领导的以工农联盟为基础的人民民主专政国家，相应地决定了党和国家必须建立一种民主与集中相统一的组织制度与领导制度。毛泽东指出，民主集中制既是国家政权的构成形式（即政体），又是党的根本组织原则，谁也不能违反这个原则。"国体——各革命阶级联合专政。政体——民主集中制。"②同时强调，民主集中制是将民主和集中两个看似相冲突的东西在一定形式上统一起来，是中国共产党在长期实践中总结出的组织制度。

第三，民主集中制是保证党内高度团结和充满斗志的重要条件。毛泽东认为，为了实现中国共产党对革命和建设事业的领导权，党本身必须是一个坚强、统一和

---

① 《毛泽东文集》第7卷，人民出版社1999年版，第208页。
② 《毛泽东选集》第2卷，人民出版社1991年版，第677页。

《关于正确处理人民内部矛盾的问题》研读

充满活力的组织,而这种品质的基础就在于民主集中制。他历来强调要维护党的集中统一,经常同党内的各种分裂主义和宗派主义进行斗争是必要的,因为分裂主义和宗派主义妨碍党内的团结和统一,妨碍全国人民的团结和统一。"我们需要建立一定的制度来保证群众路线和集体领导的贯彻实施,而避免脱离群众的个人突出和个人英雄主义,减少我们工作中的脱离客观实际情况的主观主义和片面性。"① 为此,他号召必须在全党范围内贯彻民主集中制,使党的意志在社会主义建设事业中畅行无阻,使民主集中制成为团结全党、全国人民办大事的重要保证。

第四,实行民主集中制的出发点和落脚点是实现广大人民群众的根本利益。毛泽东特别强调,"没有民主,意见不是从群众中来,就不可能制定出好的路线、方针、政策和方法"。具体到领导干部和群众的关系问题上,即是说"只有做群众的学生才能做群众的先生"。毛泽东在不同场合对这一问题作过多次论述,强调各级领导干部要站在人民群众的立场,从人民群众的利益出发,为人民谋利益。1934年1月27日,他在《关心群众生活,注意工作方法》一文中指出:"我们应该深切

---

① 《毛泽东文集》第7卷,人民出版社1999年版,第19页。

地注意群众生活的问题,从土地、劳动问题,到柴米油盐问题等,这一切群众生活上的问题,都应该把它提到自己的议事日程上。"①1945年4月,毛泽东在党的七大上指出:"全心全意地为人民服务,一刻也不脱离群众;一切从人民的利益出发,而不是从个人或小集团的利益出发;向人民负责和向党的领导机关负责的一致性;这些就是我们的出发点。"在《关于正确处理人民内部矛盾的问题》中毛泽东再次强调:"我们作计划、办事、想问题,都要从我国有六亿人口这一点出发,千万不要忘记这一点。"②可以说,民主集中制有利于充分调动广大人民群众的积极性和创造力,从而更好地实现广大人民群众的整体利益和长远利益。

(二)经济领域:统筹兼顾、适当安排

毛泽东在1957年1月指出:"统筹兼顾,各得其所。这是我们历来的方针。在延安的时候,就采取这个方针。"③抗日战争时期,在陕甘宁边区,为了统筹发展公营和民营经济,保障边区党政军队和人民群众生活需

---

① 《毛泽东选集》第1卷,人民出版社1991年版,第138页。
② 《毛泽东文集》第7卷,人民出版社1999年版,第227—228页。
③ 《毛泽东文集》第7卷,人民出版社1999年版,第186页。

《关于正确处理人民内部矛盾的问题》研读

要,毛泽东在1942年12月提出了正确处理公私关系的原则,当时称为"公私兼顾"或"军民兼顾"。解放战争时期,为了粉碎国民党军队对解放区的进攻,毛泽东根据时势变化,适时调整解放区财经工作的方针,即"发展生产,保障供给,集中领导,分散经营,军民兼顾,公私兼顾,生产和节约并重等项原则,仍是解决财经问题的适当的方针"①。解放战争进入战略反攻阶段后,为了进一步发展解放区经济,解放全中国,毛泽东在1947年"十二月会议"报告中明确提出:"新民主主义国民经济的指导方针,必须紧紧追随着发展生产、繁荣经济、公私兼顾、劳资两利这个总目标。"②新民主主义革命胜利在即,中国共产党面临着从革命党向执政党地位的转变,其主要任务和工作重心也相应改变。

在1949年3月召开的七届二中全会上,中共中央明确我们的重心由乡村转移到了城市,"城乡必须兼顾,必须使城市工作和乡村工作、使工人和农民、使工业和农业紧密地联系起来"③。在新民主主义社会向社会主义社会过渡时期,为了顺利完成国民经济恢复和社会主义改造的任务,毛泽东明确提出了发展经济的统筹

---

① 《毛泽东选集》第4卷,人民出版社1991年版,第1176页。
② 《毛泽东选集》第4卷,人民出版社1991年版,第1256页。
③ 《毛泽东选集》第4卷,人民出版社1991年版,第1427页。

第四章　关于正确处理人民内部矛盾的方针方法

兼顾的方针。他说:"现在我们管事了。我们的方针就是统筹兼顾,各得其所。"①1950年6月,在中共七届三中全会上的书面报告中,毛泽东又强调:"在统筹兼顾的方针下,逐步消灭经济中的盲目性和无政府状态,合理地调整现有工商业,切实而妥善地改善公私关系和劳资关系,使各种经济成分,在具有社会主义性质的国营经济领导之下,分工合作,各得其所,以促进整个社会经济的恢复和发展。"②陈云也在中共八大提出了"三个主体、三个补充"的经济思想,在工商业经营方面,以国家经营和集体经营为主体,一定数量的个体经营为补充;在生产计划方面,计划生产是主体,按照市场变化而在国家计划许可范围内的自由生产为补充;在市场方面,国家市场是主体,一定范围内国家领导的自由市场为补充。

统筹兼顾思想不仅是党在革命战争中积累的一条重要经验,也是社会主义建设的一条重要原则。1956年社会主义改造基本完成以后,我国进入了全面建设社会主义新阶段。毛泽东再次重提"统筹兼顾,适当安排"方针,并作为现阶段正确处理社会主义社会各类矛盾,调

---

① 《毛泽东文集》第7卷,人民出版社1999年版,第186页。
② 《毛泽东文集》第6卷,人民出版社1999年版,第71页。

动国内一切积极因素建设和发展社会主义的战略方针。1956年4月，毛泽东在《论十大关系》讲话中，围绕调动国内一切积极因素，建设社会主义现代化国家这个基本方针，详细论述了如何正确处理国民经济中的十大关系，其中统筹兼顾的思想贯穿全文，强调应把兼顾个人利益和集体利益，局部利益和整体利益，暂时利益和长远利益以及其他各方面、各领域的利益关系，都纳入整个国民经济发展的大格局中。之后，毛泽东分别在1957年1月27日召开的省市自治区党委书记会议，2月27日的最高国务会议第十一次（扩大）会议和3月19日的南京、上海党员干部会议上，都深入地阐述了这个方针。他说："这是一个什么方针呢？就是调动一切积极力量，为了建设社会主义。这是一个战略方针。实行这样一个方针比较好，乱子出得比较少。这种统筹兼顾的思想，要向大家说清楚。"①

1957年2月27日，毛泽东在《关于正确处理人民内部矛盾的问题》中进一步明确提出了"统筹兼顾、适当安排"的方针。所谓的统筹兼顾"是指对于六亿人口的统筹兼顾，我们做计划、办事、想问题，都要从我国有六亿人口这一点出发，千万不要忘记这一点。……无

---

① 《毛泽东文集》第7卷，人民出版社1999年版，第187页。

论粮食问题,灾荒问题,就业问题,教育问题,知识分子问题,各种爱国力量的统一战线问题,少数民族问题,以及其他各项问题,都要从对全体人民的统筹兼顾这个观点出发,就当时当地的实际可能条件,同各方面的人协商,作出各种适当的安排。决不可以嫌人多,嫌人落后,嫌事情麻烦难办,推出门外了事。"①这一方针充分体现了中国共产党的真知灼见,就是要调动党内党外、国内国外、直接的和间接的一切积极因素,团结所有可以团结的力量,尽可能变消极因素为积极因素,为社会主义建设事业服务。

第一,统筹兼顾、适当安排体现出一种全局观和整体观,具有广泛的包容性。毛泽东在新民主主义革命时期已经论及公私、军民、劳资、城乡等方面的兼顾两利问题。新中国成立后,他对统筹兼顾的范围和领域作了更为具体的论证。在全局上,政治、经济、文化、社会建设的协调发展,生产力和生产关系、经济基础和上层建筑的相互适应;在局部上,重工业、轻工业与农业的适当比例、同时并举,沿海工业与内地工业的合理布局、资源互补,经济建设与国防建设的互为补充,国家、生产单位和生产者个人的利益协调,中央和地方权

---

①《毛泽东文集》第7卷,人民出版社1999年版,第228页。

益的均衡分配；此外还包括汉族与少数民族的和睦相处，中国共产党与其他民主党派的长期共存、互相监督，不同思想流派的百花齐放和不同科学学派的百家争鸣等，都是统筹兼顾、适当安排在各层面、各领域的重要体现。正如毛泽东所言，统筹兼顾"是指对于六亿人口的统筹兼顾"，是全方位、多层次的，无论是经济领域还是政治领域、文化领域以及社会领域的其他各项问题，都要从对全体人民的统筹兼顾这个观点出发。

第二，统筹兼顾、适当安排是正确处理人民内部矛盾的重要手段，具有方法论意义。事实上，各个时期的"统筹兼顾"方针都是以正确处理人民内部矛盾为出发点和着力点。新民主主义革命时期，毛泽东就曾针对解决根据地建设中的军内外、政内外、党内外矛盾，提出过诸如军民、军政、官兵一致，三三制，统一战线等重要原则和方针。社会主义建设时期，立足于社会主义社会主要矛盾的变化，在科学分析我国社会主义建设中存在的各种问题后，毛泽东在《关于正确处理人民内部矛盾的问题》中，系统阐述了统筹兼顾思想对正确处理人民内部矛盾的极端重要性。"在目前，社会大变动的过渡时期，困难问题还是很多。又发展又困难，这就是矛盾。任何矛盾不但应当解决，也是完全可以解决的。我们的方针是统筹兼顾、适当安排。"①也就是说，要兼顾全社会各个方面的利益关系，使其能够各尽所能、各得其所，和谐相处，以便最大限度地调动一切积极因素为社会主义建设服务。此后，毛泽东还在不同的公开场合对统筹兼顾、适当安排的方法作了理论上和实践上的阐述和运用。

第三，统筹兼顾、适当安排的根本目的是要调动一切积极因素，为建设社会主义社会服务。毛泽东明确提到，统筹兼顾、适当安排这个方针就是团结一切积极力量，调动一切积极因素，为建设社会主义社会服务。这个方针，是中国共产党在长期革命、建设的伟大实践中总结出来的宝贵经验。在时间上，必须长期坚持，不断丰富发展。在过去革命年代，党就实行了调动一切，协调各方的方针，现在搞社会主义建设，同样也要实行这个方针。在空间上，积极因素有着空前的广泛性，包括党内外、国内外一切积极因素，直接的、间接的积极因素。不仅要调动中央和地方的积极性，还要调动基层的积极性；不仅要调动生产单位的积极性，还要调动生产者个人的积极性；不仅在经济领域里调动一切积极因素，还包括政治领域，科学文化领域等社会其他领域；

---

① 《毛泽东选集》第3卷，人民出版社1991年版，第228页。

不仅调动工人阶级和农民阶级的积极性,还要调动知识分子的积极性;同时要充分调动各民族、特别是少数民族的积极性,还要尽可能把各民主党派和无党派人士的积极性调动起来。因此,统筹兼顾、适当安排的方针是从正确处理人民内部矛盾的角度出发,指明了中国社会主义建设的具体方法,特别是为经济领域协调各方利益,调动各阶层积极性,进行社会主义现代化建设指明方向。

(三)科学文化领域:百花齐放、百家争鸣

"百花齐放,百家争鸣"的方针是党分析新阶段新形势新条件,为正确处理意识形态领域矛盾而提出的方针。"双百"方针的提出,和当时的历史背景和客观要求是密不可分的。特别是1956年社会主义改造完成后,我国进入社会主义建设时期,对于意识形态领域出现的矛盾,要摒弃以往那些行政命令等简单粗暴的处理手段,对于科学文化领域的不同争论,应该用学术的观点和民主讨论的方法来解决。

1950年,国内关于京剧问题发生了争论:一派主张京剧作为传统文化,应该完全继承;另一派主张京剧作为封建思想遗留物,应该全部取消。针对这一争论,

第四章 关于正确处理人民内部矛盾的方针方法

1951年,毛泽东在为中国戏曲研究院成立的题词中第一次提出"百花齐放"。1953年,针对中国历史研究领域出现的争论,毛泽东又提出"百家争鸣"。20世纪50年代初,郭沫若和范文澜两位马克思主义历史学家就中国古代历史的分期问题产生了争论。当时,中央宣传部认为这个问题没有谁对谁错,是个学术问题,要凭考古工作发掘的实物和历史学家自己的论证来评判。1953年8月,中国历史研究委员会主任陈伯达向毛泽东请示历史研究的具体方针,毛泽东提出要实现"百家争鸣"。应该说,20世纪50年代初期,"百花齐放,百家争鸣"方针的范围多限于戏曲和历史这两个领域。

1956年2月,我国科学界出现了关于米丘林学派和摩尔根学派的争论,医学界出现了中医、西医和巴甫洛夫学说之间的争论,史学界出现了关于中国古代史时期划分的争论,中宣部部长陆定一在随后召开的中共中央知识分子问题会议上就这些问题向毛泽东作了汇报。陆定一认为,对待科学问题和学术问题应当允许他们各抒己见、互相批评,但批评时不要"戴帽子"。同时强调我党在科学文化领域不要做"盖子",以免限制科学界和文艺界的繁荣发展。同年4月27日,在中央政治局讨论《论十大关系》的会议上,陆定一指出:"对于学术性质、艺术性质、技术性质的问题要让它自由,要把政治思想问题同学术性质、艺术性质、技术性质的问题分开来"①。此时,"百家争鸣"方针虽然在具体运用,但是其作为一项文化政策和具体方针已经基本形成了共识。

1956年4月28日,在中共中央政治局扩大会议上的总结讲话中,毛泽东正式把"百花齐放,百家争鸣"作为发展社会主义科学文化事业的方针提了出来。他指出:"百花齐放,百家争鸣,我看这应该成为我们的方针。艺术问题上百花齐放,学术问题上百家争鸣。"同时强调:"讲学术,这种学术也可以讲,那种学术也可以讲,不要拿一种学术压倒一切。你如果是真理,信的人势必就会越多。"②《关于正确处理人民内部矛盾的问题》中关于"双百"方针有更加明确、详细的论述,"双百"方针是促进艺术发展和科学进步的方针,是促进我国的社会主义文化繁荣的方针。艺术上不同的形式和风格可以自由发展,科学上不同的学派也可以自由争论。同年3月,毛泽东在中国共产党全国宣传工作会议上进一步指出:"百花齐放、百家争鸣这个方针,不但

---

① 《陆定一文集》编辑组:《陆定一文集》下卷,人民出版社1992年版,第494页。
② 《建国以来重要文献选编》第8册,中央文献出版社1993年版,第248—249页。

第四章 关于正确处理人民内部矛盾的方针方法

是使科学和艺术发展的好方法,而且推而广之,也是我们进行一切工作的好方法。这个方法可以使我们少犯错误。有许多事情我们不知道,因此不会解决,在辩论中间,在斗争中间,我们就会明了这些事情,就会懂得解决问题的方法。"① 随后不久,他又在南京、上海党员干部会议讲话提纲中写道:"采取现在的方针,文学艺术、科学技术会繁荣发达,党会经常保持活力,人民事业会欣欣向荣,中国会变成一个大强国而又使人可亲。"②

正是基于科技文化领域的特殊性,毛泽东有预见性地提出了"百花齐放、百家争鸣"的方针作为我国科学文化领域的基本方针:一是我国需要迅速发展科学、文化、教育事业,以满足进行大规模经济建设的客观需求;二是我国需要在人民内部扩大自由和民主的范围,以更好地采用民主、和平的方法处理人民内部矛盾。纵观《关于正确处理人民内部矛盾的问题》中关于"双百"方针的相关阐述,无不体现出这一方针的科学性和完整性。

首先,要正确看待坚持"以马克思主义为指导"和

---

① 《建国以来毛泽东文稿》第6册,中央文献出版社1992年版,第391—392页。
② 《建国以来毛泽东文稿》第6册,中央文献出版社1992年版,第405页。

"百花齐放、百家争鸣"方针的辩证关系。"双百"方针是在坚持马克思主义指导思想前提下，正确处理意识形态领域矛盾的具体体现，是符合马克思主义辩证唯物主义和历史唯物主义规律的。毛泽东多次提到坚持"双百"方针并不会削弱马克思主义的思想指导地位，相反还会加强马克思主义在意识形态领域的领导地位。一方面，马克思主义是无产阶级的世界观和方法论，只有始终坚持马克思主义的思想指导，才能在实行"双百"方针过程中，引导不同主题、形式、题材、风格的思想和观点沿着社会主义方向发展，摒弃一切腐朽的、落后的思想文化的影响，不断推陈出新，创造出崭新的、进步的社会主义思想文化。另一方面，在坚持马克思主义指导下的"为人民服务、为社会主义事业服务"的基础上，也要提倡学术科学领域的不同学派和艺术文化领域的不同形式、不同风格。要放手让大家表达不同的意见和观点，鼓励自由讨论和学术争鸣，防止任何企图禁止或损害不同学术流派和艺术形式的错误做法。

此外，也要正确认识到马克思主义是在斗争中不断发展和完善的。毛泽东在《关于正确处理人民内部矛盾的问题》中提道："在我们国家里，马克思主义已经被大多数人承认为指导思想，那末，能不能对它加以批评呢？当然可以批评。马克思主义是一种科学真理，它是不怕批评的。如果马克思主义害怕批评，如果可以批评倒，那末马克思主义就没有用了。"① 马克思主义作为完整的普遍真理，包括哲学、政治经济学、科学社会主义等丰富内涵，涵盖了自然界、人类社会、人类思维发展的一般规律，具有普遍适用性，是颠扑不破的真理。同时也要辩证地认识到，马克思主义不是亘古不变的教条，它是随着实践的发展不断变化发展的，这是马克思主义自身发展的必然要求，也是马克思主义会面临批评的必然因素。但是，要把对待马克思主义的"正常批评"与"全盘否定"区别开来，坚决反对那些全盘否定马克思主义的错误倾向。

其次，"双百"方针要立足于人类认识规律和真理发展规律，突出精神世界的矛盾、科学文化领域的矛盾的特殊性。"双百"方针从承认矛盾客观存在的事实出发，提供矛盾展开的必要条件，从而促进矛盾的解决、推动人们的思想认识运动不断向前发展。其一，人类思维认识的客观规律，决定了思想认识领域、科学文化领域的矛盾总是呈现出多样性和复杂性的特点。我们有无产阶级的意识形态也有资产阶级的意识形态，有马克思主义的思想也有非马克思主义的思想，有唯物主义哲

---

① 《毛泽东文集》第7卷，人民出版社1999年版，第231页。

学也有唯心主义哲学，有现实主义文学也有浪漫主义文学，有持不同文艺理论的文艺工作者，也有持不同学术观点的科学派别。我们应当在倡导社会主义主流意识形态和主流文化的基础上，以开放的态度允许和鼓励其他不同形式、不同风格的文化作品。

其二，对立着的矛盾双方经过斗争走向统一，是真理发展的客观规律。真理越辩越明，"同错误思想作斗争，好比种牛痘，经过了牛痘疫苗的作用，人身上就增强免疫力"。正确的思想如果是在温室里培养出来的，那么遇到错误意见的时候就没有免疫力。相反的，"正确的东西总是在同错误的东西作斗争的过程中发展起来的。真的、善的、美的东西总是在同假的、恶的、丑的东西相比较而存在，相斗争而发展的"。那些认为只能放"香花"、不能放"毒草"的教条主义观点曲解了"双百"方针的科学内涵。因此，我们主张用辩证的方法处理思想文化领域的问题，既反对强制推行一种"香花"，又反对强制禁止一种"毒草"。

《关于正确处理人民内部矛盾的问题》中指出："对待人民内部的思想问题，对待精神世界的问题，用简单的方法去处理，不但不会收敛，而且非常有害。不让发表错误意见,结果错误意见还是存在着。"①科学、艺术等意识形态领域的矛盾属于人民内部矛盾的范畴,必须采取民主的、讨论的、说理的方法来解决。在毛泽东看来,与错误的思想辩论,并进行适当的批判是符合辩证法的科学态度,"在我们的社会里,革命的战斗的批判和反批判,是揭露矛盾,解决矛盾,发展科学、艺术,做好各项工作的好方法"②。

最后,"双百"方针是实现我国科学文化大发展、大繁荣的长期方针,而非一时的"应对之策"。《关于正确处理人民内部矛盾的问题》中明确指出,"百花齐放、百家争鸣"的方针,"是根据中国的具体情况提出来的,是在承认社会主义社会仍然存在着各种矛盾的基础上提出来的,是在国家需要迅速发展经济和文化的迫切要求上提出来的"③。1957年3月12日,毛泽东在全国宣传工作会议上强调,"百花齐放,百家争鸣,这是一个基本性的同时也是长期性的方针,不是一个暂时性的方针"④。接着,毛泽东就"双百"方针的内涵作了明

---

① 《毛泽东文集》第7卷,人民出版社1999年版,第232页。
② 《建国以来毛泽东文稿》第6册,中央文献出版社1992年版,第390页。
③ 《毛泽东文集》第7卷,人民出版社1999年版,第229页。
④ 《建国以来毛泽东文稿》第6册,中央文献出版社1992年版,第390页。

确阐述,指出这是一个"放"的方针,而不是"收"的方针,即放手让大家讲意见,使人们敢于说话,敢于批评,敢于争论;不怕错误的议论,不怕有毒的东西;发展各种意见之间的相互争论和相互批评,既容许批评的自由,也容许批评批评者的自由;对于错误的意见,不是压服,而是说服,以理服人。又说,"同志们在讨论中间是不赞成收的,我看这个意见很对。党中央的意见就是不能收,只能放。……我们采取放的方针,因为这是有利于我们国家巩固和文化发展的方针。……我们主张放的方针,现在还是放得不够,不是放得过多。不要怕放,不要怕批评,也不要怕毒草"[1]。这样看来,毛泽东认为错误的意见和毒草的存在是客观现实,也是可以拿出来讨论的。毒草的存在是一种客观实在,不仅现在有,将来仍会存在,这是不以人的意志为转移的。要在"放"的过程中用辩证的观点看待毒草,香花与毒草是相比较而存在的,在与毒草的斗争中,能使人民群众更好地认识毒草,也能使香花得到进一步的发展。同时,毛泽东强调,我们容许一部分错误意见和毒草的"放",是完全着眼于科学文化的发展,并不是要鼓励毒草的自

---

[1]《建国以来毛泽东文稿》第6册,中央文献出版社1992年版,第390—392页。

由泛滥,毒害人民。相反,"对于一切有害的言论,要及时给予有力的反驳"。

可以说,"双百"方针作为解决人民内部意识形态矛盾的科学政策,对推进我国科学文化繁荣发展起到了积极作用。对此,薄一波回忆道:"当年我们党开始提出和实行'百花齐放'、'百家争鸣'方针时,知识分子是种什么精神状态?可以说是一片衷心拥护,兴高采烈,积极性很高涨,学术探讨空气也很浓厚。在那种情况下,就比较容易出成果、出人才。"①

遗憾的是,毛泽东所倡导的"双百"方针,在实践中并没有得到很好的实行,学术自由、百家争鸣的思想未能在社会主义文化建设中发挥应有的作用。"双百"方针的精神在反右派斗争扩大化中被严重扭曲,后来毛泽东甚至提到,所谓"百花齐放,百家争鸣",就世界观来说,实际上只有无产阶级和资产阶级两种不同思想倾向,这就与"双百"方针的初衷完全相悖。到了"文化大革命"时期,"双百"方针被看作是"为兴无灭资的阶级斗争服务的政策",以实现我国科学文化大发展、大繁荣为宗旨的"双百"方针荡然无存。

---

① 薄一波:《若干重大决策和事件的回顾》上卷,中共中央党校出版社1991年版,第518—519页。

(四)其他重要领域

1. 党与民主党派关系:长期共存、互相监督

中国共产党与各民主党派长期共存、互相监督,是党在长期的革命和建设实践中总结出来的宝贵经验,是正确处理各党派之间关系的基本原则。毛泽东在《关于正确处理人民内部矛盾的问题》中指出:"'长期共存、互相监督'这个口号,也是我国具体的历史条件的产物。这个口号并不是突然提出来的,它已经经过了好几年的酝酿。长期共存的思想已经存在很久了。"[1]

我们党历史上不仅积累了处理无产阶级同剥削阶级之间矛盾的经验,同时还积累了处理无产阶级同其他非剥削阶级同盟者之间矛盾的经验。1942年5月2日,毛泽东《在延安文艺座谈会上的讲话》中指出:"对于统一战线中各种不同的同盟者,我们的态度应该是有联合、有批评,有各种不同的联合,有各种不同的批评。"[2] 1945年4月,毛泽东在党的七大政治报告中指出,只要共产党以外的其他任何政党和任何社会集团或个人,对于共产党是采取合作的而不是采取敌对的态

---

[1]《毛泽东文集》第7卷,人民出版社1999年版,第234—235页。
[2]《毛泽东选集》第3卷,人民出版社1991年版,第849页。

度，我们是没有理由不和他们合作的。同时，提出了新民主主义革命胜利后的政党制度和政权组织模式："俄国的历史形成了俄国的制度。……中国现阶段的历史将形成中国现阶段的制度，在一个长时期中，将产生一个对于我们是完全必要和完全合理同时又区别于俄国制度的特殊形态，即几个民主阶级联盟的新民主主义的国家形态和政权形态。"① 应当承认，毛泽东结合中国具体革命实践，创造性地学习运用马克思主义，突破了苏联一党制的政党制度模式，明确提出了新民主主义时期中国共产党与各民主党派进行多党合作的设想。

1949年9月，中国共产党邀请各民主党派参加中国人民政治协商会议第一届全体会议，制定了《中国人民政治协商会议共同纲领》。这样，共产党领导的多党合作和政治协商制度作为一项基本政治制度就被确立下来。1956年，我国社会主义改造基本完成以后，我国进入社会主义建设新时期。在新形势下，如何看待和正确处理共产党与民主党派的关系，成为中国共产党必须解决的重大现实政治问题。毛泽东高瞻远瞩，以苏联的经验教训为借鉴，通过总结新中国成立几年以来社会主义建设经验，进一步深入思考中国社会主义政治建设道

---

① 《毛泽东选集》第3卷，人民出版社1991年版，第1062页。

路。在《论十大关系》中，毛泽东提出："究竟是一个党好，还是几个党好，现在看来，恐怕是几个党好，不但过去如此而且将来也可以如此，就是长期共存，互相监督。"①接着，毛泽东又在《关于正确处理人民内部矛盾的问题》中指出："为什么要让民主党派监督共产党呢？这是因为一个党同一个人一样，耳边很需要听到不同的声音。大家知道，主要监督共产党的是劳动人民和党员群众。但是有了民主党派，对我们更为有益。"②

"长期共存，互相监督"方针的实施必须遵循一定的原则。其一，必须以"六条政治标准"③为前提。"各民主党派和共产党相互之间所提的意见，所作的批判，也只有在合乎我们在前面所说的六条政治标准的情况下，才能够发挥互相监督的积极作用。因此，我们希望

---

①《毛泽东文集》第7卷，人民出版社1999年版，第34页。
②《毛泽东文集》第7卷，人民出版社1999年版，第235页。
③"六条政治标准"是毛泽东在《关于正确处理人民内部矛盾的问题》一文中提出的在我国人民的政治生活中判断我们的言论和行动的是非标准。（一）有利于团结全国各族人民，而不是分裂人民；（二）有利于社会主义改造和社会主义建设，而不是不利于社会主义改造和社会主义建设；（三）有利于巩固人民民主专政，而不是破坏或者削弱这个专政；（四）有利于巩固民主集中制，而不是破坏或者削弱这个制度；（五）有利于巩固共产党的领导，而不是摆脱或者削弱这种领导；（六）有利于社会主义的团结和全世界爱好和平人民的国际团结，而不是有损于这些团结。参见《毛泽东文集》第7卷，人民出版社1999年版，第234页。

各民主党派都能注意思想改造，争取和共产党一道长期共存，互相监督，以适应新社会的需要。"① 其二，必须从团结的愿望出发，对各民主党派采取正确的态度。既不能对他们的缺点或错误采取姑息、迁就的右倾态度，也不能采取关门主义或者敷衍主义的"左"的态度。否则，会使中国共产党陷于孤立，不利于人民民主专政政权的巩固和政治协商的顺利开展。其三，必须采取批评与自我批评的方法，继续巩固人民民主统一战线。1950年6月，毛泽东在《在全国政协一届二次会议上的讲话》中指出："我们在这次会议中，即根据《共同纲领》，采取了批评和自我批评的方法。这是一个很好的方法，是推动大家坚持真理、修正错误的很好的方法，是人民国家内全体革命人民进行自我教育和自我改造的唯一正确的方法。"② 我们应当采取批评和自我批评的正确态度，进而巩固和扩大包括各民主党派、各人民团体及一切爱国民主人士在内的统一战线。

"长期共存，互相监督"的政党建设方针具有深远的历史意义。它的确立，标志着对长期以来党领导的多党合作的政治协商制度得到全党认可。它有助于消除一

---

① 《毛泽东文集》第7卷，人民出版社1999年版，第235页。
② 《毛泽东文集》第6卷，人民出版社1999年版，第81—82页。

些民主党派成员对社会主义条件下党派前途的担忧,极大地鼓舞了广大民主党派成员的政治热情和为社会主义建设服务的积极性;它有助于纠正共产党内存在的某些否定多党合作制的错误思想,提高全党团结各民主党派的大局观念;它为党在之后的历史阶段制定与民主党派合作共事的政策提供了基本依据,同时对共产党本身也是一个严格约束,使多党合作制在以后的政治风浪中经得起严峻考验。

2. 勤俭建国的方针:厉行节约、反对浪费

在土地革命战争时期,1934年1月,毛泽东在全国工农兵第二次代表大会上所作的《我们的经济政策》报告中就曾强调:"财政的支出,应该根据节省的方针。节省每一个铜板为着战争和革命事业"[1]。他还强调:"应该使一切政府工作人员明白,贪污和浪费是极大的犯罪。"在抗日战争和解放战争时期,毛泽东也反复提到在推进解放区的各项工作时,"任何地方必须十分爱惜人力物力,决不可只顾一时,滥用浪费"。[2]1943年10月,毛泽东又特别强调了"发展生产"的极端重要性,"在生产运动中,不注重发展经济,只片面地在开支问

---

[1]《毛泽东选集》第1卷,人民出版社1991年版,第134页。
[2]《毛泽东选集》第3卷,人民出版社1991年版,第1019页。

第四章　关于正确处理人民内部矛盾的方针方法

题上打算盘的保守的单纯的财政观点,是错误的。……在有根据地的条件下,不提倡发展生产并在发展生产的条件下为改善物质生活而斗争,只是片面地提倡艰苦奋斗的观点,是错误的"[①]。1945年,毛泽东一针见血地指出:"发展生产,保障供给,集中领导,分散经营,军民兼顾,公私兼顾,生产和节约并重等项原则,仍是解决财经问题的适当的方针。"[②] 在新中国成立前夕,针对中国共产党党内可能会因为即将来临的"胜利"而出现骄傲的情绪,"以功臣自居的情绪,停顿起来不求进步的情绪,贪图享乐不愿再过艰苦生活的情绪"[③],毛泽东在党的七届二中全会上向全党提出了著名的"两个务必"原则——务必使同志们继续地保持谦虚、谨慎、不骄、不躁的作风;务必使同志们继续地保持艰苦奋斗的作风。

新中国成立以后,中国共产党由革命党转而成为执政党,毛泽东更加重视"勤俭节约"在国民经济和人民生活中的积极作用,多次强调要继续保持艰苦奋斗的作风。1949年9月,由毛泽东亲自主持起草的具有临时宪法性质的《共同纲领》中进一步明确规定:"中华人民

---

① 《毛泽东选集》第3卷,人民出版社1991年版,第911—912页。
② 《毛泽东选集》第4卷,人民出版社1991年版,第1176页。
③ 《毛泽东选集》第4卷,人民出版社1991年版,第1438页。

《关于正确处理人民内部矛盾的问题》研读

共和国的一切国家机关,必须厉行廉洁的、朴素的、为人民服务的革命工作作风,严惩贪污,禁止浪费,反对脱离人民群众的官僚主义作风。"①1951年12月8日,在《中央关于三反斗争必须大张旗鼓进行的指示》中,他又谈道:"应把反贪污、反浪费、反官僚主义的斗争看作如同镇压反革命的斗争一样的重要。"②同年12月,毛泽东在《关于实行精兵简政、增产节约,反对贪污、浪费和官僚主义》中指出:"为了实现国家工业化,必须发展农业,并逐步完成农业社会化。但是首先重要并能带动轻工业和农业向前发展的是建设重工业和国防工业。为了建设重工业和国防工业,就要付出很多的资金,而资金的来源只有增产节约这一条康庄大道,这是应为全党同志所明白了解的。"③1955年,在《〈中国农村的社会主义高潮〉的按语》一文中,毛泽东指出:"中国是一个大国,但现在还很穷,要使中国富起来,需要几十年时间。几十年以后也需要执行勤俭的原则,但是特别要提倡勤俭,特别要注意节约的,是在目前这

---

① 《中共中央文件选集》第18册,中共中央党校出版社1992年版,第588页。
② 《建国以来毛泽东文稿》第2册,中央文献出版社1988年版,第548页。
③ 《毛泽东文集》第6卷,人民出版社1999年版,第207页。

几十年内,是在目前这几个五年计划的时期内。"[1]1957年2月27日,毛泽东在《关于正确处理人民内部矛盾的问题》的讲话中强调:"我们要进行大规模的建设,但是我国还是一个很穷的国家,这是一个矛盾。全面地持久地厉行节约,就是解决这个矛盾的一个方法。……中国共产党、民主党派、无党派民主人士、知识分子、工商业者、工人、农民、手工业者,总之,我们六亿人口都要实行增产节约,反对铺张浪费。这不但在经济上有重大意义,在政治上也有重大意义。"[2]总而言之,厉行节约、反对浪费是中华民族的传统美德,是中国共产党的优良传统,是建设工业强国和富强的社会主义现代化国家必须坚持的方针。

3．知识分子问题：继续深入改造、加强思想政治工作

新中国成立初期,中国共产党面临恢复国民经济和社会主义改造的双重任务,充分调动知识分子在社会经济政治发展中的积极性显得日益重要,关于知识分子在社会中的地位问题也被逐渐提上日程。实际上,毛泽东在着手准备新中国建设方略时就明确要求团结知识分子

---

[1]《建国以来重要文献选编》第17册,中央文献出版社1997年版,第443页。
[2]《毛泽东文集》第7卷,人民出版社1999年版,第239—240页。

阶层为社会主义服务,他在党的七届二中全会的报告中指出:"无产阶级领导的以工农联盟为基础的人民民主专政,要求我们党去认真地团结全体工人阶级、全体农民阶级和广大的革命知识分子。……没有这种团结,这个专政就不能巩固。"[1] 此后,在党的七届三中全会上他又提到,要有步骤、有计划地对旧社会学校教育事业和社会文化事业进行改造,争取一切爱国的知识分子阶层为社会主义事业服务,并且把争取知识分子作为中国共产党在国民经济恢复时期的重要任务之一。在这一时期,党对旧社会的知识分子采取"包下来"的政策,对绝大多数知识分子给予原有的职位与待遇,并为失业者适当分配工作,经济上给予一定的优厚待遇。在政治上承认大部分知识分子在社会中的地位,充分调动知识分子的积极性。与此同时,随着社会主义改造的向前推进,知识分子在思想上和政治上不可避免地暴露出一些新的弱点。对此,毛泽东提出应对知识分子采取"团结、教育、改造"的政策,并在全党范围内开展知识分子思想改造运动,这就促进了知识分子世界观和人生观的重大转变,从整体上推动了知识分子思想意识和精神面貌的改变。

---

[1]《毛泽东选集》第4卷,人民出版社1991年版,第1436页。

第四章 关于正确处理人民内部矛盾的方针方法

1956年社会主义改造完成后,中国进入社会主义建设时期,以毛泽东同志为核心的党的第一代中央领导集体关于知识分子问题的思想经历了曲折和反复,既有成功的经验,又有沉痛的教训。在社会主义建设探索初期,为了充分调动知识分子的积极性,团结知识分子为社会主义建设服务,中国共产党紧跟当前形势制定了对待知识分子阶层的新政策。1956年1月14日,周恩来在关于知识分子问题的会议上作了《关于知识分子问题的报告》,充分肯定了知识分子特别是高级知识分子在社会主义新时期的地位和作用,明确指出知识分子已经从旧社会的落后思想中解脱出来,成为社会主义建设的重要依靠力量。他认为:"最充分地动员和发挥知识分子的现有力量,不但是我国目前紧张的建设事业所必需的,而且也是对知识界加以进一步的改造、扩大和提高的前提。"[1] 在这次会议上,毛泽东也号召全党要努力学习科学知识,团结党内外知识分子,迅速发展我国的科学技术水平,为赶上世界科技先进水平而奋斗。

1957年2月,在《关于正确处理人民内部矛盾的问题》中,毛泽东指出:"过去为旧社会服务的几百万知识分子,现在转到为新社会服务,这里就存在着他们如

---

[1]《周恩来选集》下卷,人民出版社1984年版,第167页。

何适应新社会需要和我们如何帮助他们适应新社会需要的问题。这也是人民内部的一个矛盾。……我国的艰巨的社会主义建设事业,需要尽可能多的知识分子为它服务。凡是真正愿意为社会主义事业服务的知识分子,我们都应当给予信任,从根本上改善同他们的关系,帮助他们解决各种必须解决的问题,使他们得以积极地发挥他们的才能。"①

同时,毛泽东还在其他场合多次提到,知识分子是社会主义社会的主要社会成员,是脑力劳动者;知识分子既是教育者,又是受教育者,需要接受社会主义的改造与教育。此外,他还强调知识分子与工农群众结合的重要性,为建立无产阶级知识分子队伍奠定基础。无疑,党在社会主义建设初期对待知识分子的政策,是基本符合社会主义建设根本要求的。

为了适应新社会的需要,也为了同工人农民团结一致,知识分子必须继续深入改造自己,继续加强自我思想政治教育。1957年3月12日,毛泽东在中国共产党全国宣传工作会议上指出:"有人估计,各类知识分子,包括高级知识分子和普通知识分子在内,大约有五百万左右。……我们的国家是一个文化不发达的国家。

---

① 《毛泽东文集》第7卷,人民出版社1999年版,第224—225页。

五百万左右的知识分子对于我们这样一个大国来说，是太少了。没有知识分子，我们的事情就不能做好，所以我们要好好地团结他们。"①

其一，作为脑力劳动者的知识分子既是教育者，又是受教育者，为适应不断变化着的新情况，知识分子必须改造自己。那些认为教育者只需要改造别人，只需要改造地主、资本家、个体生产者，不需要改造自己的观点都是错误的。我国的知识分子绝大部分是爱国的、拥护社会主义制度的，但仍有极少数知识分子对国家怀有敌对情绪，还有一些知识分子仍持资产阶级的世界观，其"阶级感情还是旧的"。然而，"由于我国的社会制度已经起了变化，资产阶级思想的经济基础已经基本上消灭了，这就使大量知识分子的世界观不但有了改变的必要，而且有了改变的可能。但是世界观的彻底改变需要一个很长的时间，我们应当耐心地做工作，不能急躁。事实上，必定会有一些人在思想上始终不愿意接受马克思列宁主义，不愿意接受共产主义，对于这一部分人不要苛求；只要他们服从国家的要求，从事正常的劳动，我们就应当给他们以适当工作的机会"②。相应的，"即使

---

① 《建国以来毛泽东文稿》第6册，中央文献出版社1992年版，第379—381页。
② 《毛泽东文集》第7卷，人民出版社1999年版，第225—226页。

是对于马克思主义已经了解得比较多的人，无产阶级立场比较坚定的人，也还是要再学习，要接受新事物，要研究新问题。……知识分子要同工农群众结合。我们的国家机关工作人员、文学家、艺术家、教员和科学研究人员，都应该尽可能地利用各种机会去接近工人农民"①。

其二，在知识分子中间，必须继续加强思想政治工作。毛泽东在《关于正确处理人民内部矛盾的问题》中明确指出："过去的思想改造是必要的，收到了积极的效果。但是在做法上有些粗糙，伤了一些人，这是不好的。这个缺点，今后必须避免。思想政治工作，各个部门都要负责任。共产党应该管，青年团应该管，政府主管部门应该管，学校的校长教师更应该管。我们的教育方针，应该使受教育者在德育、智育、体育几方面都得到发展，成为有社会主义觉悟的有文化的劳动者。"②思想政治工作是经济工作和其他一切工作的生命线，它能够提高人民群众的思想觉悟，有助于正确处理人民内部矛盾，同时为各项具体工作指明正确的政治方向。在思想政治工作中，既要加强系统的马克思主义理论教育，

---

① 《建国以来毛泽东文稿》第6册，中央文献出版社1992年版，第382—383页。
② 《毛泽东文集》第7卷，人民出版社1999年版，第226页。

也要加强爱国主义、集体主义和社会主义教育；要遵循人们思想认识的发展规律，坚持循序渐进的原则，既要反对操之过急，也要反对裹足不前；既要服从和服务于党的中心工作，也要以广大人民群众的根本利益为出发点。

但是，随着国际局势的动荡，苏共"二十大"以及波匈事件的影响，毛泽东对我国知识分子相关问题进行重新评判，也逐步偏离马克思主义立场，出现了一系列的失误。特别是1957年反右派斗争扩大化之后，毛泽东认为知识分子仍旧是资产阶级的代表力量，是剥削阶级的代表者。这就完全推翻了《关于正确处理人民内部矛盾的问题》中对知识分子属性的准确定位，把知识分子排除出社会主义建设的依靠力量之列。20世纪60年代初期，中国共产党对知识分子的定位仍旧模棱两可，相关政策仍旧曲折反复，没有明确的结论。而在"文化大革命"时期，更是严重扭曲了之前对待知识分子的一贯态度，视知识分子为资产阶级力量的社会基础，严重挫伤了知识分子建设社会主义的积极性，阻碍了我国社会主义科学文化事业的发展，造成了极大损失。

4．少数民族问题：既要克服大汉族主义又要克服地方民族主义

中国自古以来就是一个统一的多民族国家，各少数

民族作为中华民族大家庭的一员,为国家统一、民族团结作出了巨大贡献。新中国成立之后,由于传统"华夷"观念根深蒂固,在汉族人民群众中,甚至在一些汉族干部的思想认识中,对民族关系的理解存在一定的偏差和错误,导致实际工作中存在主观主义倾向。特别是在新中国成立初期,大汉族主义思想残余已经成为影响民族关系和民族工作的主要危险,是贯彻党的民族平等、民族团结和民族区域自治政策的主要障碍。这种错误倾向如果不加纠正,会助长狭隘民族主义尤其是地方民族主义思想滋长。对此,毛泽东进行了深邃的思考。1953年3月16日,他在起草《批判大汉族主义》的党内指示时一针见血地指出:"根据不少材料看来,中央认为凡有少数民族存在的地方,大都存在着尚未解决的问题,有些是很严重的问题。表面上看来平静无事,实际上问题很严重。二三年来在各地所发现的问题,都证明大汉族主义几乎到处存在。如果我们现在不抓紧时机进行教育,坚决克服党内和人民中的大汉族主义,那是很危险的。在许多地方的党内和人民中,在民族关系上存在的问题,并不是什么大汉族主义的残余的问题,而是严重的大汉族主义的问题,即资产阶级思想统治着这些同志和人民而尚未获得马克思主义教育、尚未学好中央民族政策的问题,故须进行认真的教育,以期一步一步地解决这个问题。"① 这一估计，基本上反映了当时大汉族主义思想的实际状况。

少数民族在经济上、政治上、国防上都对整个国家和中华民族起到了积极作用。在毛泽东看来，大汉族主义思想是一种地主阶级和资产阶级等落后思想在民族问题上的延续。《论十大关系》中明确指出："我们无论对干部和人民群众，都要广泛地持久地进行无产阶级的民族政策教育，并且要对汉族和少数民族的关系经常注意检查。早两年已经作过一次检查，现在应当再来一次。如果关系不正常，就必须认真处理，不要只口里讲。"②《关于正确处理人民内部矛盾的问题》中也强调，无论是大汉族主义或者地方民族主义等狭隘的民族主义思想，都不利于各族人民的团结，是必须要克服的一种人民内部的矛盾。"在这一方面，我们已经做了一些工作，在大多数少数民族地区民族关系比较从前大有改进，但是仍然存在着一些尚待解决的问题。在一部分地区，大汉族主义和地方民族主义都还严重地存在着，必须给以足够的注意。"③ 具体说来：

第一，必须揭示出大汉族主义的实质，将其定性为

---

① 《毛泽东文集》第6卷，人民出版社1999年版，第269—270页。
② 《毛泽东文集》第7卷，人民出版社1999年版，第34页。
③ 《毛泽东文集》第7卷，人民出版社1999年版，第227页。

《关于正确处理人民内部矛盾的问题》研读

思想问题,并归为人民内部矛盾的范畴。1953年3月,毛泽东在为中央起草批判大汉族主义的党内指示时强调,大汉族主义思想是"地主阶级和资产阶级在民族关系上表现出来的反动思想"[①],这一论断实际上指明了大汉族主义的阶级属性及其产生的阶级根源。在《关于正确处理人民内部矛盾的问题》中,毛泽东又对民族问题的实质进行了明确区分,指出大汉族主义和地方民族主义是一种新形势下的人民内部矛盾,而非敌我矛盾。正确认识大汉族主义的实质,有利于分清敌我矛盾和人民内部矛盾,在实践中采取审慎的态度和解决矛盾的合理方式。同时,也在一定程度上克服了经验主义和教条主义的错误,有利于团结、教育和争取广大少数民族人民,这是正确开展民族工作的必要前提。

第二,必须采取正确的方法处理民族关系:即"团结—批评—团结"的总公式和说服教育的方法。如前所述,汉族与少数民族的关系问题是我国人民内部矛盾的一种表现形式。因此,必须避免采用处理敌我矛盾的阶级斗争和武装斗争式的简单、粗暴的方式来解决汉族和少数民族之间的矛盾。1953年10月18日,毛泽东在《接见西藏国庆观礼团、参观团代表的谈话》中指出:

---

① 《毛泽东文集》第6卷,人民出版社1999年版,第269页。

"只要是中国人,不分民族,凡是反对帝国主义、主张爱国和团结的,我们都要和他们团结。团结起来,按照各民族不同地区的不同情况进行工作。有些地方可以做得快一点,有些地方可以做得慢一点,不论做快做慢都要先商量好了再做,没有商量好就不勉强做。商量好了,大多数人赞成了,就慢慢地去做。做好事也要商量着做。"①周恩来也曾强调,民族关系问题,"是人民内部矛盾,应当运用处理人民内部矛盾的原则来解决,就是运用毛主席提出的公式,从民族团结的愿望出发,经过批评和斗争,在新的基础上达到我们各民族间进一步团结"②。这一解决民族矛盾的方法与毛泽东克服大汉族主义的民族思想高度契合。

第三,必须帮助少数民族争取解放,发展经济和文化,实现各民族共同繁荣。早在新中国成立以前,毛泽东就多次提出依据民族平等、民族团结的原则,实现汉族和少数民族共同发展的目标。1945年4月24日,毛泽东在《论联合政府》一文中指出:"必须帮助各少数民族的广大人民群众,包括一切联系群众的领袖人物在内,争取他们在政治上、经济上、文化上的解

---

① 《毛泽东文集》第6卷,人民出版社1999年版,第311页。
② 《周恩来选集》下卷,人民出版社1984年版,第248页。

放和发展，并成立维护群众利益的少数民族自己的军队。他们的言语、文字、风俗、习惯和宗教信仰，应被尊重。"[1]1947年10月10日，他在《中国人民解放军宣言》中明确提出："承认中国境内各少数民族有平等自治的权利。"[2]毛泽东认为，帮助各少数民族发展和进步，符合整个国家和中华民族的根本利益。同时强调，各少数民族的发展是有希望的，我们应当帮助他们摸索研究经济管理体制和财政体制，促进其经济文化有序发展。"我们要诚心诚意地积极帮助少数民族发展经济建设和文化建设。在苏联，俄罗斯民族同少数民族的关系很不正常，我们应当接受这个教训。天上的空气，地上的森林，地下的宝藏，都是建设社会主义所需要的重要因素，而一切物质因素只有通过人的因素，才能加以开发利用。我们必须搞好汉族和少数民族的关系，巩固各民族的团结，来共同努力于建设伟大的社会主义祖国。"[3]

5．群众"闹事"问题：既要克服官僚主义又要加强思想政治教育

1956年前后，我国工人罢工、学生罢课、农业合

---

[1]《毛泽东选集》第3卷，人民出版社1991年版，第1084页。
[2]《毛泽东选集》第4卷，人民出版社1991年版，第1238页。
[3]《毛泽东文集》第7卷，人民出版社1999年版，第34页。

作社社员闹社以及群众游行请愿和其他类似群体性事件，比过去几年明显增多。究其原因，从大的历史背景来看，国际上主要受到苏共"二十大"和波匈事件的影响。当时东欧的社会主义国家大多是按照苏联模式建立起来的，政治上高度集权，阶级斗争异常激烈；经济上模式单一，过度重视发展重工业，忽视轻工业、农业与重工业的比例，并且存在严重的命令主义弊端。因此，在苏共"二十大"揭露了斯大林的错误之后，迅速在东欧社会主义国家引起大规模混乱，引发了波匈事件，进而部分地波及我国一些地方引发少数人闹事事件。

在国内，社会主义改造基本完成，刚刚建立起来的社会主义制度还不健全。同时，在社会主义改造过程中因为要求过急、工作过粗暴露出一些新的问题。在农业上，"对农业合作化要求过急"，"由于步子急，形式过于简单划一，工作上就出现了强迫命令，违反自愿互利原则，改革耕作制度和耕作技术的计划过大过急，经营管理混乱等缺点"。[①] 在工业上，我国效法苏联的经济体制，采取"以优先发展重工业为主"的方针，忽视轻工业和农业，经济建设规模过大、积累过高，经济比例

[①]《关于建国以来党的若干历史问题的决议》(注释本)，人民出版社1983年版，第227页。

《关于正确处理人民内部矛盾的问题》研读

严重失调，人民生活水平得不到改善。在党的领导方式上，一些领导干部严重脱离群众，在思想方面存在一些问题，官僚主义作风有所抬头，处理问题"不像过去那样谨慎，那样注意倾听群众呼声和尊重党内民主了"。① 这些都引起了群众的不满，为群众闹事积累了负面情绪。毛泽东在《关于正确处理人民内部矛盾的问题》中指出："这些人闹事的直接的原因，是有一些物质上的要求没有得到满足；而这些要求，有些是应当和可能解决的，有些是不适当的和要求过高、一时还不能解决的。但是发生闹事的更重要的因素，还是领导上的官僚主义。……闹事的另一个原因是对于工人、学生缺乏思想政治教育。"②

其一，群众的物质利益得不到满足。毛泽东向来把物质利益分配问题看作是处理人民内部矛盾的一个重要前提，并且认为如果这个问题处理不好，就会引发和激化新的社会矛盾。这一时期的"群众闹事"事件大多与物质利益得不到满足有关，收入减少、生活水平下降、就业困难、粮食问题、灾荒问题等一系列社会问题是"群众闹事"的主要原因。1956年4月，毛泽东在《论

---

① 胡绳主编：《中国共产党的七十年》，中共党史出版社1991年版，第334页。
② 《毛泽东文集》第7卷，人民出版社1999年版，第236页。

十大关系》中就曾指出要把处理国家、生产单位和生产者个人的关系放在重要地位，强调一定要公私兼顾，反对只顾一头儿而忽视另外一头。对于工人，"我们需要大力发扬他们这种艰苦奋斗的精神，也需要更多地注意解决他们在劳动和生活中的迫切问题"①。随后，1957年2月，毛泽东在《关于正确处理人民内部矛盾的问题》中就这个问题针对性地提出了解决办法，即要坚持"统筹兼顾，适当安排"的方针。从对我国六亿人口的统筹兼顾这个观点出发，在保证广大人民群众最根本的物质利益的基础上进一步制定政治、经济、文化等各领域的具体措施。

其二，官僚主义作风抬头。在分析群众闹事事件时，毛泽东指出："发生闹事的更重要的因素，还是领导上的官僚主义。"一方面是不合理的领导方法，导致了主观主义、命令主义和官僚主义的错误；另一方面不是政策不对，而是执行政策过程中所采用的简单机械生硬的工作方法。在毛泽东看来，我国许多地区、许多方面和许多部门还存在着严重的官僚主义行为，他们不了解群众的困难，对于离自己稍远一些的民情缺乏了解，也不了解在县、区、乡等各级干部中存在着许多命令主

---

① 《毛泽东文集》第7卷，人民出版社1999年版，第29页。

义和违法乱纪的坏人坏事，或者即使对这种情况有所了解，也置之不理、不予解决，甚至感觉不到问题的严重性和紧迫性，不去发扬好事，消灭坏事。事实上，官僚主义从本质上说是封建剥削阶级思想的反映，这种落后的思想会加重和激化干群、党群之间的矛盾，是一种脱离群众的领导作风和工作作风。像这类问题，如果不及时处理，必然会导致干群、党群关系紧张，矛盾加剧，最后演化为群众闹事的突发性群体事件。

其三，广大党员和群众思想政治教育的缺失。波匈事件后毛泽东更加看重社会思想动态，他认为，目前在党内的思想动向、社会上的思想动向，出现了值得注意的问题。首先是党内的思想动态问题。毛泽东指出，一些领导同志严重脱离群众，思想上存在很大的问题，比如某些干部争名夺利，唯利是图，对群众生活困难不管不顾，"有些部和省市自治区党委的领导，不了解群众的思想动态，有人酝酿闹事，酝酿暴动，根本不知道"。毛泽东认为这些人亟须接受教育，深刻反省，否则会滋生官僚主义，忽视甚至损害群众利益，导致闹事事件扩大化。

另外，党外的知识分子、学生和工人阶级的思想问题，也应该引起足够的重视。毛泽东指出，一些青少年学生由于生活阅历少、缺乏社会经验、知识积累不够，不能全面了解革命时期人民群众经历的不屈不挠的斗争,不能全面理解党领导人民摆脱外辱内乱、建立崭新社会的艰巨性,也不能全面理解党和人民面对新历史条件下探索的艰辛。这就致使"有些群众往往容易注意当前的、局部的、个人的利益,而不了解或者不很了解长远的、全国性的、集体的利益。"[①]加之工人、学生、普通群众等群体极易受到不法分子的煽动和挑拨,容易采取极端的方式来表达意愿。这样,在思想政治教育缺失的情况下,党内外的一些错误思想互相交织,矛盾一经激化,就很容易导致群众闹事事件不断发生。

经过对问题根源的剖析,《关于正确处理人民内部矛盾的问题》对群众闹事事件的性质进行了准确定位。

一方面,毛泽东运用矛盾普遍性原理,在认真分析我国当时社会存在的各类问题之后,指出既然社会上普遍存在着各种各样的矛盾对立面,仍然存在着对立的阶级、对立的群体和对立的思想意志,那么我国就不可避免地会出现少数群众闹事的现象。他强调"没有矛盾的想法是不符合客观实际的天真的想法"[②],我们应当充分认识到矛盾的客观性和普遍性,正是这些矛盾推动着社

---

① 《建国以来重要文献选编》第10册,中央文献出版社1994年版,第96页。

② 《毛泽东文集》第7卷,人民出版社1999年版,第204页。

会主义社会不断向前发展。

  同时，还要正确区分我国敌我矛盾和人民内部矛盾这两类不同性质的矛盾。"在我国现在的条件下，所谓人民内部的矛盾，包括工人阶级内部的矛盾，农民阶级内部的矛盾，知识分子内部的矛盾，工农两个阶级之间的矛盾，工人、农民同知识分子之间的矛盾，工人阶级和其他劳动人民同民族资产阶级之间的矛盾，民族资产阶级内部的矛盾，等等。"① 少数人闹事事件作为人民内部矛盾的突出表现形式，不仅现在存在，将来也会一直存在下去。"如果一万年以后地球毁灭了，至少在这一万年以内，还有闹事的问题。"② 所以，我们应该用理性的科学的态度来看待和处理群众闹事问题。不仅要承认社会主义社会还有矛盾，实事求是地看待正确处理人民内部矛盾对社会和谐所起到的积极作用，同时还要承认作为执政党的中国共产党也不可避免地和人民群众之间存在一些矛盾，但是这些矛盾是在人民根本利益一致基础上的矛盾，可以通过民主的方法得到妥善解决。正如列宁在1917年8月《国家与革命》一书中强调，应在对待工人、农民的问题上克服官僚主义，采取民主检查和监督的制度，同对待剥削阶级的武力镇压方法区分开来。

---

① 《毛泽东文集》第7卷，人民出版社1999年版，第205页。
② 毛泽东：《在省市自治区党委书记会议上的讲话》，1957年1月27日。

另一方面，毛泽东运用唯物辩证法的观点，指出我们必须用全面的观点看待人民内部矛盾，既要看到矛盾的对立又要看到矛盾的统一。同样的，我们应当辩证地看待群众闹事事件，它既有消极的一面也有积极的一面。消极的一面是群众闹事必然会带来一些负面的影响，如破坏社会生产，扰乱社会秩序，造成经济损失等；积极的一面是我们可以利用群众闹事使干部接受教训，克服官僚主义，起到了教育干部和群众的作用。在处理群众闹事事件中，要对参与闹事的群众进行积极的教育和正确的引导，及时化解矛盾，并以此作为改善我们工作作风、教育广大党员干部和人民群众的良好契机。更为重要的是，事物矛盾着的双方在一定条件下可以互相转化。坏事可以转化为好事，好事也可以转化成坏事。在这里，"条件"作为转化的媒介至关重要。即使是人民内部矛盾，如果处理不当，或者失去警觉，麻痹大意，也有可能发生对抗，转化为敌我矛盾。因此，对于群众闹事事件要谨慎地处理，否则不但不能用来教育群众，反而会使事情越闹越大，甚至走向反面。因此，中国共产党的任务就是要善于掌握和运用矛盾转化的规律，努力创造条件，促成矛盾朝有利的方面转化，化消极因素为积极因素。

第五章

意义与启示

《关于正确处理人民内部矛盾的问题》是毛泽东矛盾学说的成熟之作,也是探索中国化社会主义建设道路的标志性成果,为中国共产党团结带领全国人民实现社会主义建设良好开局提供实践指引。立足新的历史方位,毛泽东关于科学认识、分析和处理人民内部矛盾的理论和方法,对于新时代加强党的建设、推进国家治理现代化、坚持和发展中国特色社会主义仍然具有十分重要的借鉴意义和现实启示。

一、历史意义

《关于正确处理人民内部矛盾的问题》独创性地提出正确区分和处理两类不同性质矛盾的一系列重大论断,是马克思主义中国化的标志性成果之一,是马克思主义发展史上的重要里程碑,也为我国社会主义建设时期党和国家一些重大政治决策提供指引,具有重要的理论意义、认识论意义和方法论意义。

(一)理论层面:丰富和发展了马克思主义矛盾学说

习近平总书记指出:"马克思主义是随着时代、实践、科学发展而不断发展的开放的理论体系,它并没有结束真理,而是开辟了通向真理的道路。"[1]《关于正确处理人民内部矛盾的问题》标志着毛泽东矛盾学说的成熟,是对社会主义社会矛盾观点的一次创新和升华,为丰富和发展科学社会主义理论体系作出卓越贡献。

---

[1] 习近平:《在哲学社会科学工作座谈会上的讲话》,2016年5月17日。

《关于正确处理人民内部矛盾的问题》研读

马克思和恩格斯在创立历史唯物主义时鲜明指出，人类社会发展的根本动力是社会基本矛盾，即生产力和生产关系、经济基础和上层建筑的矛盾，这两对社会基本矛盾贯穿整个社会发展的始终，不断推动社会进步和人的全面发展。在《共产主义原理》《共产党宣言》《反杜林论》等著作中，多次提到社会主义社会仍存在工农之间、城乡之间、体力劳动与脑力劳动之间的矛盾问题，应通过消除旧的分工、城乡融合等来消除这种对立和矛盾，同时要正确处理无产阶级及其政党内部斗争的问题、无产阶级同农民结成巩固同盟的关系问题等。但由于马克思、恩格斯没有亲身经历社会主义社会，对社会主义社会的矛盾表现形态未作具体阐述。

列宁在领导建设世界上第一个社会主义国家的实践中，对社会主义社会的矛盾及其性质进行了深入探索，他是国际共产主义运动史上第一个承认和肯定社会主义社会存在矛盾的先驱。1920年5月，列宁在《对布哈林〈过渡时期的经济〉一书的评论》中指出，对抗和矛盾完全不是一回事。在社会主义下，对抗将会消失，矛盾仍将存在。[①] 由于客观环境的限制，列宁对社会主义社会的矛盾仍处于探索阶段，未能对社会主义矛盾产生的

---

① 《列宁全集》第60卷，人民出版社1990年版，第282页。

根源、不同类型矛盾及其性质、矛盾的解决方法等进行深入分析。

1930年11月,斯大林在《给契同志的信》中指出,苏联国内存在两种不同性质的矛盾:一种是"结合内部的矛盾"("结合",即工人阶级和劳动人民、基本群众首先是和基本农民群众的结合);另一种是"结合范围以外的矛盾"(即无产阶级和富农之间的矛盾)。这是"两种不同的东西",不能混为一谈。前者随着工业化的增长,即随着无产阶级在国内的力量和影响的增长,将会日益缓和并顺利解决;后者在我们还没有消灭富农阶级以前,将会日益增长并尖锐化。[①]遗憾的是,斯大林强调的这两种矛盾,特指"过渡时期"社会主义国家存在的矛盾,随着20世纪30年代苏联第一个五年计划和农业集体化的胜利完成,斯大林宣布社会主义已经在苏联完全建立起来了,并且强调苏联是一个没有任何矛盾的完全和谐的社会主义国家,在后来的实践中又混淆了外部矛盾和内部矛盾的界限,造成苏联政治生活和社会生活极其严重的后果。直到晚年,斯大林才在《苏联社会主义经济问题》中提出,社会主义社会仍然存在着生产力和生产关系的矛盾,如果解决方法得当,会成为社会

---

① 《斯大林全集》第13卷,人民出版社1956年版,第20页。

《关于正确处理人民内部矛盾的问题》研读

进步的动力。

毛泽东继承和运用了马克思主义经典作家们关于社会主义矛盾的基本观点,同时结合中国社会主义建设实践,对社会主义社会基本矛盾、矛盾性质、矛盾解决方法等作出了较为全面而具体的回答。1957年1月27日,毛泽东在省市自治区党委书记会议上提到关于辩证法及列宁的对立统一学说,特别强调"解释和发展,这就是我们的工作。要解释,我们现在解释太少了。还要发展,我们在革命中有丰富的经验,应当发展这个学说"[①]。由于苏联的国际地位和斯大林在社会主义阵营中的影响力,斯大林个人的某些错误观点在社会主义国家中引起了思想上的混乱。

为避免走向"社会主义无矛盾"的思想误区,毛泽东审时度势,对斯大林的矛盾观点作了客观公正的历史评价,并系统论证了我国社会的人民内部矛盾。一方面,吸取斯大林否认矛盾存在进而导致阶级斗争扩大化的教训,科学分析了当前我国社会主义社会主要矛盾的性质和解决方法。他敏锐地看到,社会主义社会发展阶段已经发生了质变,敌我矛盾尖锐化和大规模阶级斗争的历史已经基本完结,社会主义社会的主要任务就是正确处

---

① 《毛泽东文集》第7卷,人民出版社1999年版,第192页。

第五章 意义与启示

理人民内部矛盾，团结一切可以团结的力量，继续保护和发展生产力。另一方面，吸取斯大林将人民内部矛盾狭隘化、片面化的教训，完善了社会主义社会人民内部矛盾的科学内容。斯大林所说的"结合内部的矛盾"，特指无产阶级和农民之间的矛盾，这一概括过于狭隘、有失严密，不足以涵盖社会主义国家纷繁复杂的人民内部矛盾。毛泽东则向前发展了一步，创造性地提出"人民内部矛盾"和"敌我矛盾"的哲学范畴，高度概括了两类不同性质的矛盾，并且在《关于正确处理人民内部矛盾的问题》中，列举了不同阶级之间的矛盾，如工农之间的矛盾、同一阶级内部的矛盾、知识分子之间的矛盾、国家和个人之间的矛盾、汉族和少数民族之间的矛盾、党和群众之间的矛盾等多种类型的人民内部矛盾。毛泽东在不断学习马克思列宁主义矛盾学说的基础上，破除了我国长期以来对苏联模式的迷信，既"以苏为鉴"又"以苏为戒"，将马克思主义基本原理同我国社会主义建设的具体实践进行"第二次结合"，形成了独特的人民内部矛盾学说。

人民内部矛盾学说是毛泽东思想的重要组成部分，它经历了一个从萌芽到发展、最终走向成熟的过程。概括来讲，第一阶段是新民主主义革命时期的早期探索，为后来《关于正确处理人民内部矛盾的问题》成功问世

《关于正确处理人民内部矛盾的问题》研读

提供了理论先声。1937年7月,为了克服党内严重存在的教条主义倾向,毛泽东写了著名的《矛盾论》,从两种宇宙观、矛盾的普遍性和特殊性、主要矛盾和矛盾的主要方面、矛盾诸方面的同一性和斗争性、对抗在矛盾中的地位等方面,详尽阐述了对立统一规律,同时总结了中国共产党领导中国革命斗争的实践经验。《矛盾论》认为,中国共产党内部存在的不同思想之间的矛盾是阶级矛盾和新旧事物矛盾在党内的反映,这是不以人的意志为转移的客观规律,并且必须用不同的方法来解决这些具体的矛盾。延安整风期间,毛泽东多次批评了"左"倾教条主义思想在解决党内矛盾时采取的"残酷斗争、无情打击"的错误方式,主张运用"惩前毖后、治病救人"的方针,既不含糊敷衍同志也不损害同志,借以达到既要弄清思想又要团结同志这样两个目的。[1]

第二阶段,毛泽东在1956年4月发表了具有重大战略意义的《论十大关系》,这是从经济建设角度探讨社会主义矛盾问题的思想结晶,也是《关于正确处理人民内部矛盾的问题》的一个理论雏形。十大关系涉及政治、经济、社会、思想文化等不同领域,其中包括敌我

---

[1] 《毛泽东选集》第3卷,人民出版社1991年版,第938页。

矛盾，如革命与反革命的关系；人民内部矛盾，如党和非党关系、中央与地方的关系、汉族和少数民族的关系等。这十种关系都是矛盾；我们的任务，就是要正确处理这些矛盾。①1957年1月18日至27日，中共中央召开省市自治区党委书记会议。毛泽东宣布此次会议的三个主要议题：思想动向问题、农村问题和经济问题。在会议的最后一天，他又谈了七个问题：要足够地估计成绩；统筹兼顾，各得其所；国际问题；百花齐放，百家争鸣；闹事问题；法制问题；农业问题。这几个问题的谈话内容，除国际问题之外，后来都在《关于正确处理人民内部矛盾的问题》中得到进一步展开和阐释。

（二）思想层面：统一了党内共识、团结了广大群众

1956年被毛泽东称为"多事之秋"，我国在基本确立了社会主义制度的同时，暴露出一些新的社会矛盾。为更好地领导全国人民进行社会主义建设，也为消除党内外人士的种种疑虑，以毛泽东同志为主要代表的中国共产党第一代中央领导集体对我国进入社会主义社会之

---

① 《毛泽东著作选读》下册，人民出版社1986年版，第744页。

后的国内形势、主要矛盾和中心任务作了思考，从而在党内达成统一共识、凝聚建设合力。

第一，作出了从"阶级斗争"到"向自然界开战"的基本判断。要改造自然，首先必须改造思想。毛泽东批评了那些看不清我国已经进入"社会主义建设"阶段的落后思想，也批评了"肯定一切或者否定一切"的片面思想。《关于正确处理人民内部矛盾的问题》从中国具体实际出发，分析了我国由"革命"向"建设"转变的基本国情，号召广大干部群众放下思想包袱、团结一致进行伟大的社会主义建设。

一方面，社会主义与资本主义谁胜谁负的问题已经基本明朗，阶级矛盾降为次要矛盾，人民内部矛盾居于主要地位。毛泽东在《关于正确处理人民内部矛盾的问题》发表前后的不同场合多次强调，在阶级斗争基本结束后，我们的任务要转向搞经济建设，要率领整个社会，率领六亿人口，向自然界开战，发展生产力，把中国由农业国变为工业国。他迫切希望在党内外纠正过去"以阶级斗争为纲"的错误思想，于1957年4月19日以中央名义发了一份《限期将正确处理人民内部矛盾问题的讨论和执行情况报告中央》的通知，从思想认识上厘清主要矛盾变化，团结全国各族人民投向一场新的战争——"向自然界开战"。

另一方面，我国社会主义制度"已经基本建立但还没有完全建成"，需要长期地集中力量来解决这个矛盾。《关于正确处理人民内部矛盾的问题》明确区分了"建立"和"建成"社会主义社会的区别和界限，既要承认和坚持社会主义社会，又不能超越社会主义还处于初级阶段这个必经过程。特别是我国在生产力落后、商品经济不发达的条件下建设社会主义，工商业公私合营企业、农业生产合作社和手工业生产合作社仍然是半社会主义性质的，生产和需要、积累和消费、平衡和不平衡等矛盾也会长期存在，矛盾不断出现又不断解决，这是事物发展的辩证规律。"广大群众一面欢迎新制度，一面又还感到还不大习惯；政府工作人员经验也还不够丰富，对一些具体政策的问题，应当继续考察和探索。这就是说，我们的社会主义制度还需要有一个继续建立和巩固的过程，人民群众对于这个新制度还需要有一个习惯的过程，国家工作人员也需要一个学习和取得经验的过程。"[①]

第二，扭转了一些党员干部对待群众闹事的粗暴态度。社会主义改造完成后，因经济建设方面的急躁冒进，出现了生产资料和生活资料短缺紧张的情况，1956

---

① 《毛泽东文集》第7卷，人民出版社1999年版，第216页。

年下半年到1957年,有1万多名工人罢工和1万多名学生罢课,一些省份的农村还出现了合作社社员退社风潮。面对新形势下日益凸显的人民内部矛盾,各级党组织和政府都没有做好充分的思想准备。

应当承认,《关于正确处理人民内部矛盾的问题》也是在我国缺乏处理人民内部矛盾实践经验的背景下开始酝酿并逐渐成熟的。毛泽东指出:"绝大多数共产党员和干部(包括高级干部)对于人民内部矛盾这个'新问题'都'没有精神准备','心中无数',不知道如何处理。"[1] 刘少奇也指出:"我们一些领导干部,没有闹起来时不理,闹起来以后又惊惶失措,一惊惶失措就采取压制的办法,这是不能解决问题的。"[2] 当时,在一些党员干部中存在"好人不闹事,闹事没好人""凡是与政府闹事的就是敌我矛盾"等错误认知,把群众对政府的批评意见和少数闹事行为视作阶级斗争,甚至用民主革命时期对待阶级敌人的态度处理人民内部矛盾。例如,有些地方领导直接采取强制和压服的办法处理闹事问题,轻辄批评斗争、开除,重辄动用武力,甚至将参与闹事者认定为反革命分子。

---

[1] 薄一波:《若干重大决策与事件的回顾》(修订本)下卷,人民出版社1997年版,第589页。
[2]《刘少奇选集》下卷,人民出版社1985年版,第307页。

毛泽东从中国社会主义建设的实际出发，深刻分析了当前社会存在的各类矛盾，提出要注意区分敌我矛盾和人民内部矛盾，强调采取民主的方法处理人民内部矛盾，并把正确处理人民内部矛盾作为国家政治生活的主题。《关于正确处理人民内部矛盾的问题》专篇论述了"关于少数人闹事问题"，强调要"把闹事的群众引向正确的道路，利用闹事来作为改善工作、教育干部和群众的一种特殊手段，解决平日里所没有解决的问题"。[①]这就从思想上及时纠正了党政机关内部存在的简单粗暴行为和过激行为，制止了群众闹事事件的扩大化，适当地化解了人民内部矛盾。

（三）实践层面：探索中国化的社会主义建设道路

社会主义从空想到科学、从理论到实践、从运动到制度，经历了500多年的历程，不断发展和演进。2013年1月，习近平在新进中央委员会委员和候补委员学习贯彻党的十八大精神研讨班开班式上的讲话中把世界社会主义思想的发展分为六个阶段：第一阶段是从1516

[①]《毛泽东文集》第7卷，人民出版社1999年版，第237页。

年英国人托马斯·莫尔发表《乌托邦》到19世纪初法国的圣西门、傅立叶和英国的欧文，这是空想社会主义的产生和发展，第二个阶段是马克思、恩格斯创立科学社会主义理论体系，第三个阶段是列宁领导十月革命胜利并实践社会主义，第四个阶段是苏联社会主义模式逐步形成，第五个阶段是新中国成立后我们党对社会主义的探索和实践，第六个阶段是我们党作出改革开放的历史性抉择，开创和发展中国特色社会主义。无论是苏联社会主义模式，还是中国特色社会主义道路，都是人类文明发展史的重要组成部分，是百年来世界社会主义运动历史上两个最重大的实践，而在这两个重大实践的转变中，毛泽东对社会主义建设道路的探索起到重要的承上启下作用。

1938年10月，毛泽东在中国共产党扩大的六届六中全会所作的《论新阶段》的政治报告中，第一次提出了"马克思主义中国化"的科学命题。他指出，没有抽象的马克思主义，只有具体的马克思主义。所谓具体的马克思主义，就是通过民族形式的马克思主义，就是把马克思主义应用到中国具体环境的具体斗争中去，而不是抽象地应用它。成为伟大中华民族之一部分而与这个民族血肉相连的共产党员，离开中国特点来谈马克思主义，只是抽象的空洞的马克思主义。因此，马克思主义的中国化,使之在其每一表现中带着中国的特性,即是说,按照中国的特点去应用它,成为全党亟待了解并亟须解决的问题。[①] 马克思主义中国化,就是把马克思主义普遍原理同中国具体实际相结合,要求用马克思主义的观点、原则和方法来把握中国的国情、党情,以解决中国的现实问题。"公式的马克思主义者,只是对于马克思主义和中国革命开玩笑。"[②]

1956年8月,毛泽东在审阅中国共产党八大政治报告时又指出:"不可能设想,社会主义制度在各国的具体发展过程和表现形式只能有一个千篇一律的格式。我国是一个东方国家,又是一个大国。因此,我国不但在民主革命的过程中有自己的许多特点,在社会主义改造和社会主义建设的过程中也带有自己的许多特点,而且在将来建成社会主义社会以后还会继续存在自己的许多特点。"[③]

毛泽东立足我国国情,分析了马克思主义中国化的必要性和重要性,认为最重要的教益是独立自主,把马

[①]《中共中央文件选集》第11册,中共中央党校出版社1991年版,第658—659页。
[②]《新民主主义论》,《毛泽东选集》第2集,人民出版社1991年版,第707页。
[③]《建国以来毛泽东文稿》第6册,中央文献出版社1992年版,第143页。

《关于正确处理人民内部矛盾的问题》研读

克思主义基本原理同中国具体实际进行结合,"民主革命时期我们在吃了大亏之后才成功地实现了这种结合,取得了新民主主义革命的胜利。现在是社会主义革命和建设时期,我们要进行第二次结合,找出在中国怎样建设社会主义的道路"[①]。习近平总书记在纪念毛泽东同志诞辰120周年座谈会上的讲话中指出:"社会主义基本制度确立以后,如何在中国建设社会主义,是党面临的崭新课题。毛泽东同志对适合中国情况的社会主义建设道路进行了艰苦探索。他以苏联的经验教训为鉴戒,提出要创造新的理论、写出新的著作,把马克思列宁主义基本原理同中国实际进行'第二次结合',找出在中国进行社会主义革命和建设的正确道路,制定把我国建设成为一个强大的社会主义国家的战略思想。"[②]《关于正确处理人民内部矛盾的问题》作为马克思主义中国化的光辉典范,对于我国社会主义建设初期,科学认识社会主义发展规律、探索社会主义建设道路和完善社会主义制度起到了纲领性的作用。

第一,《关于正确处理人民内部矛盾的问题》准确

[①] 吴冷西:《忆毛主席——我亲身经历的若干重大历史事件片段》,新华出版社1995年版,第9—10页。
[②] 习近平:《在纪念毛泽东同志诞辰120周年座谈会上的讲话》,2013年12月26日。

把握社会主义社会发展的动力,指明了社会主义建设的一般规律和总体方向。毛泽东运用马克思主义矛盾原理,系统阐明了社会主义社会基本矛盾及人民内部矛盾的重大理论问题,对于揭示社会主义社会自身发展的客观规律、探索社会主义社会稳定和发展的内在机制具有划时代的意义。

一方面,文中指出,社会主义社会存在并充满矛盾,社会基本矛盾仍然是生产力与生产关系、经济基础与上层建筑之间的矛盾,正是这些矛盾运动构成了社会主义社会的前进动力,而首要任务就是解放和发展生产力。如果不继续发展生产力,提高人民生活水平,社会主义社会将成为空中楼阁,所谓的正确处理人民内部矛盾的问题更是无从谈起。正如1987年4月26日,邓小平在接见外宾时指出:"搞社会主义,一定要使生产力发达,贫穷不是社会主义。我们坚持社会主义,要建设对资本主义具有优越性的社会主义,首先必须摆脱贫穷。"[①]毛泽东在总结苏联和东欧一些国家工业化的经验教训的基础上,辩证地概括出了中国自己的经济建设道路和工业化道路。强调我们的经济建设既要以重工业为中心,又要充分注意发展农业和轻工业。同时他也

[①]《邓小平文选》第3卷,人民出版社1993年版,第225页。

清楚地看到，囿于实践经验的局限性，我国经济建设方面还存在着大量矛盾，即社会主义社会经济发展的客观规律和我们主观认识之间的矛盾，这需要在实践中去解决。

另一方面，文中认为，我国当前社会的基本矛盾具有不同的表现形态并呈现出"又相适应又相冲突"的特点。比如，《关于正确处理人民内部矛盾的问题》突破了对"资产阶级是社会主义革命的对象"这一理论的教条式理解，从中国当时的社会历史条件出发，分析了我国资产阶级既有革命性又有妥协性的"两面性"特点，得出了在我们国家里工人阶级同民族资产阶级的矛盾属于人民内部矛盾的结论，为我国在社会主义探索时期正确处理同民族资产阶级的关系提供理论指导。

第二，《关于正确处理人民内部矛盾的问题》剖析了社会主义制度自我完善的必要性和可能性，为社会主义改革奠定了哲学基础。

一方面，社会主义社会的矛盾性质决定了社会主义改革的性质，"在改革中坚持社会主义方向，这是一个很重要的问题"[①]。不同于旧社会阶级矛盾的激烈对抗性，社会主义社会的矛盾是在人民根本利益一致基础上

---

① 《邓小平文选》第3卷，人民出版社1993年版，第138页。

的矛盾,是社会主义体制内的矛盾,可以通过社会主义制度的自我完善来得到解决,即调整生产关系中不适应生产力发展的环节、上层建筑中不适应经济基础需要的环节。

另一方面,社会主义社会矛盾的状况决定了社会主义改革的目的和任务。1956年,经过"三大改造",社会主义的生产关系基本上适应了生产力的发展要求,能够为生产力发展提供广阔空间。但是,社会主义生产关系还很不完善,这些不完善的部分又与生产力水平相矛盾,阻碍生产力的发展。只有正确认识矛盾、协调矛盾、解决矛盾,才能为推动我国生产力发展和经济建设开辟新局面。正如邓小平指出的:"我们所有的改革都是为了一个目的,就是扫除发展社会生产力的障碍。"[1]

第三,《关于正确处理人民内部矛盾的问题》探索出正确处理人民内部矛盾的科学方法,有利于协调各方利益、调动一切积极力量进行社会主义建设。毛泽东在区分社会主义社会两类不同矛盾性质的基础上,提出解决矛盾的根本原则和人民内部各领域各类型矛盾的具体措施。

其中,用专政的手段处理敌我矛盾,就是压迫国家

---

[1]《邓小平文选》第3卷,人民出版社1993年版,第134页。

《关于正确处理人民内部矛盾的问题》研读

内部的反动阶级、反动派和反抗社会主义革命的剥削者，压迫那些对于社会主义建设的破坏者，就是为了解决国内敌我之间的矛盾。[①] 用民主的方法处理人民内部矛盾，目的是从团结的愿望出发，经过批评或者斗争使矛盾得到解决，从而在新的基础上达到新的团结。由于敌我矛盾同人民内部矛盾性质的不同，必须注意采取不同的解决方式，如果处理得当，敌我矛盾也可能转化为非对抗性的矛盾。同样，人民内部矛盾如果用专政的、强迫的手段处理，也可能会转化为对抗性的矛盾。《关于正确处理人民内部矛盾的问题》在提出处理两类不同性质矛盾的原则后，又全面地阐述了一系列解决具体矛盾的措施，如经济领域的统筹兼顾、适当安排，政治领域的民主集中制，科学文化领域的"双百"方针等。这些措施方法系统地囊括了全社会可能出现的不同类型矛盾，并且对不同的阶级、阶层和利益集团作了适当安排，在不同领域贯彻不同的方针和政策，这既是马克思主义矛盾特殊性理论在实践层面的典型运用，又是中国共产党在社会主义建设时期统筹兼顾各方利益、和平解决人民内部矛盾的指导方针。

---

① 《毛泽东文集》第7卷，人民出版社1999年版，第207页。

二、现实启示

党的十九大报告明确指出:"中国特色社会主义进入新时代,我国社会主要矛盾已经转化为人民日益增长的美好生活需要和不平衡不充分的发展之间的矛盾。"习近平总书记在省部级主要领导干部学习贯彻党的十九届六中全会精神专题研讨班开班式上的重要讲话中指出:"注意分析和总结党在百年奋斗历程中对我国社会主要矛盾和中心任务的研究和把握,是贯穿全会决议的一个重要内容,我们一定要深入学习、全面领会。"① 《关于正确处理人民内部矛盾的问题》这篇社会主义社会矛盾学说的奠基之作,是毛泽东探索社会主义建设道路的标志性成果之一。其理论内涵和实践方法,对于新时代大背景下,科学认识、分析和处理社会矛盾,切实加强党风廉政建设和民主法治建设,坚持和发展中国特色社会主义理论、制度、道路与文化,具有十分重要的借鉴意义。

---

① 习近平:《更好把握和运用党的百年奋斗历史经验》,《求是》2022年第13期。

《关于正确处理人民内部矛盾的问题》研读

（一）坚持以人民为中心，是新时代正确处理人民内部矛盾的本质要求

习近平总书记指出："为了人民而发展，发展才有意义；依靠人民而发展，发展才有动力。"① "让老百姓过上好日子是我们一切工作的出发点和落脚点。"② 当前，我国迈入开启全面建设社会主义现代化国家的新征程，世界百年未有之大变局加速演进，人民内部矛盾及其表现形态较以往任何时期更加复杂多元，改革发展稳定任务艰巨繁重。要坚持以人民为中心的发展思想，着力解决好发展不平衡不充分问题，努力实现更高质量、更有效率、更加公平、更可持续、更为安全的发展，更好满足人民在经济、政治、文化、社会、生态等方面日益增长的需要，更好推动人的全面发展、社会全面进步、促进共同富裕。

"善为理者，举其纲，疏其网"。科学、客观、准确分析社会主要矛盾，是正确处理好人民内部矛盾的基本前提。《关于正确处理人民内部矛盾的问题》指出："没

---

① 习近平：《在中华人民共和国恢复联合国合法席位50周年纪念会议上的讲话》，2021年10月25日。
②《中共中央关于党的百年奋斗重大成就和历史经验的决议》，2021年11月16日。

有矛盾的想法是不符合客观实际的天真的想法。……为了正确地认识敌我之间和人民内部这两类不同的矛盾应该首先弄清楚什么是人民，什么是敌人。"[1] 党的十一届三中全会以来，邓小平继承和发展了毛泽东的社会主义社会矛盾学说，他提出，关于基本矛盾，我想还是按照毛泽东同志在《关于正确处理人民内部矛盾的问题》一文中的提法比较好。[2]

党的十八大以来，中国特色社会主义进入新时代，以习近平同志为核心的党中央，深刻总结并充分运用党成立以来的历史经验，统筹国内国际两个大局，从新的实际出发认识和把握我国社会主要矛盾变化。经过改革开放四十多年的发展，"落后的社会生产"已经与高速发展后的国情实际相去甚远，国内外宏观形势发生深刻变化，新时代我国发展过程中仍面临一系列突出矛盾和挑战。

总体而言，在经济方面主要表现为：中央与地方、工业与农业、地区之间、城乡之间、不同社会阶层之间的矛盾和利益冲突，自主创新能力不足，产业结构不合理等；在政治方面主要表现为：主流意识形态与非主流

---

[1]《毛泽东文集》第7卷，人民出版社1999年版，第204—205页。
[2]《邓小平文选》第2卷，人民出版社1994年版，第181—182页。

意识形态交织并存,"四风"问题、腐败问题等引发的干群矛盾激增,民生问题解决不到位引起的信访、舆情、群体性事件风险等,企业改制过程中的利益博弈;在思想文化方面主要表现为:马克思主义与非马克思主义、集体主义与个人主义、新思想与旧思想的冲突与分歧;在社会方面,主要涉及人口、就业、教育、医疗、住房、收入分配、生态环境、社会保障和治理安全等方方面面。

为此,习近平总书记深刻指出:"我们要有全局观,对各种矛盾做到了然于胸,同时又要紧紧围绕主要矛盾和中心任务,优先解决主要矛盾和矛盾的主要方面,以此带动其他矛盾的解决,在整体推进中实现重点突破,以重点突破带动经济社会发展水平整体跃升,朝着全面建成社会主义现代化强国的奋斗目标不断前进"①。

"知屋漏者在宇下,知政失者在草野。"发展全过程人民民主是正确处理好人民内部矛盾的原则方法。《关于正确处理人民内部矛盾的问题》明确指出:"我们的这个社会主义的民主是任何资产阶级国家所不可能有的最广大的民主"②,强调社会主义社会的矛盾是在根本利

---

① 习近平:《更好把握和运用党的百年奋斗历史经验》,《求是》2022年第13期。
②《毛泽东文集》第7卷,人民出版社1999年版,第207页。

益一致基础上的人民内部矛盾,可以通过调整社会主义制度本身来解决,应当用民主的方法、讨论的方法、说服教育的方法、疏通引导的方法去解决。

党的十八大以来,以习近平同志为核心的党中央领导全党深入开展以"为民、务实、清廉"为主题的党的群众路线教育实践活动,号召全体党员同志牢记并恪守全心全意为人民服务的根本宗旨,以优良作风把人民紧紧凝聚在一起,为实现中华民族伟大复兴的中国梦而努力奋斗。在科学把握新时代人民内部矛盾深层原因和发展规律的基础上,进一步丰富和发展了正确处理人民内部矛盾的原则、方法和措施。习近平总书记指出:"必须相信群众、敞开大门,让群众参与、群众监督、群众批判。……让群众满意是我们党做好一切工作的价值取向和根本标准,群众意见是一把最好的尺子。必须打开大门、依靠群众,让群众来监督和评判,才能做到不虚不空不偏。"[1] 他特别强调,要进一步深化改革开放,尊重人民首创精神,深入研究全面深化体制改革的顶层设计和总体规划,把经济、政治、文化、社会、生态等方面的体制改革有机结合起来,把理论创新、制度创新、

---

[1]《习近平总书记重要讲话文章选编》,中央文献出版社、党建读物出版社2016年版,第167—168页。

科技创新、文化创新以及其他各方面创新有机衔接起来，构建系统完备、科学规范、运行有效的制度体系。①自此，坚持以人民为中心，解决好、把握好、协调好人民内部的矛盾又上升到了一个新的理论高度。

（二）加强党的建设，是新时代正确处理人民内部矛盾的重要基础

"办好中国的事情，关键在党。……党和人民事业发展到什么阶段，党的建设就要推进到什么阶段。这是加强党的建设必须把握的基本规律。"②党的建设，无论是在新民主主义革命时期还是在社会主义现代化建设时期，都是关乎党的生死存亡和人心向背的重大课题。毛泽东在《关于正确处理人民内部矛盾的问题》中指出，发生群众闹事的深层次原因是领导上的官僚主义，要从根本上解决闹事事件，必须坚决地反对官僚主义。"己不正，焉能正人"，在当前形势下搞好党风廉政建设、严肃党内政治生活、处理好党群关系，仍然是正确

---

① 《中国共产党第十八届中央委员会第二次全体会议公报》，2013年2月28日。
② 习近平：《习近平关于"不忘初心、牢记使命"重要论述汇编》，中央文献出版社、党建读物出版社2019年版，第238—239页。

处理人民内部矛盾需要首先解决的问题。

其一,加强党的建设,是新时期有力应对重大挑战、抵御重大风险、克服重大阻力、解决重大矛盾的关键。习近平总书记强调:"我们党历史这么长、规模这么大、执政这么久,如何跳出治乱兴衰的历史周期率?毛泽东同志在延安的窑洞里给出了第一个答案,这就是'只有让人民来监督政府,政府才不敢松懈'。经过百年奋斗特别是党的十八大以来新的实践,我们党又给出了第二个答案,这就是自我革命。"[1]当前社会,国内外宏观环境变化充满不确定性,新冠肺炎疫情带来多重冲击,经济社会发展长期性矛盾和新的风险挑战交织显现,"党面临的执政考验、改革开放考验、市场经济考验、外部环境考验将是长期的、复杂的,党面临的精神懈怠危险、能力不足危险、脱离群众危险、消极腐败危险将是尖锐的、严峻的"[2]。这要求全党领导干部要重视中长期趋势变化、分析研判新矛盾新问题、把握新的伟大斗争的历史特点,更要保持"赶考"的清醒和定力,不惧挑战、增强本领,在党的旗帜下团结成"一块坚硬

---

[1] 习近平:《以史为鉴、开创未来,埋头苦干、勇毅前行》,《求是》2022年第1期。
[2] 习近平:《习近平关于"不忘初心、牢记使命"重要论述汇编》,中央文献出版社、党建读物出版社2019年版,第303页。

的钢铁",步调一致向实现第二个百年奋斗目标迈进。

其二,加强党的建设,要有自我革命的精神和动真碰硬的勇气。中国共产党能够长期执政并永葆生机活力,关键在于有正视问题的自觉和刀刃向内的决心,在于不断自我净化、自我完善、自我革新、自我提高,这也是我们党区别于其他政党的显著标志。"有些人迷恋西方多党轮替、三权鼎立那一套,认为一党执政无法解决自身存在的问题。实际上,纵观各国政党,真正像中国共产党这样能够始终如一正视自身问题,能够形成一整套自我约束的制度规范体系,能够严肃惩处党内一大批腐化变质分子的,可以说少之又少。"[1]党的十八大以来,我们党从关系党和国家生死存亡的高度,以强烈的历史责任感、深沉的使命忧患感、顽强的意志品质推进党风廉政建设和反腐败斗争,坚持无禁区、全覆盖、零容忍,严肃查处腐败分子,着力营造不敢腐、不能腐、不想腐的政治氛围。[2]坚持严的总基调不动摇,从作风建设入手纠治"四风"顽疾,纵深推进全面从严治党。

其三,加强党的建设,要用好"批评和自我批评这

---

[1] 习近平:《习近平关于"不忘初心、牢记使命"重要论述汇编》,中央文献出版社、党建读物出版社2019年版,第284页。
[2] 习近平:《在中国共产党第十八届中央纪律检查委员会第五次全体会议上的讲话》,2015年1月13日。

个武器"。长期以来,毛泽东坚信广大人民群众是拥护党的领导,是讲道理的,是必须依靠和团结的坚强后盾。早在延安时期,毛泽东就多次指出,"我党必须实行公开的自我批评,不怕家丑外扬,隐瞒是不能教育党员的"。社会主义建设时期,毛泽东在《关于正确处理人民内部矛盾的问题》,明确提出依靠和团结人民群众要遵循"团结—批评—团结"的总原则以及"批评与自我批评"的具体方针,这一重要思想对于中国共产党在不同历史时期正确处理社会矛盾具有重要指导意义。同时,历史的经验与教训也已经证明,运用说服教育的手段远比行政压服的官僚主义作风更容易取得民心、化解矛盾。习近平总书记指出:"批评和自我批评是清除党内政治灰尘和政治微生物的有力武器。"[1] 他强调,批评和自我批评是我们党强身治病、保持肌体健康的锐利武器,也是加强和规范党内政治生活的重要手段,必须坚持不懈把批评和自我批评这个武器用好。广大党员干部要大胆使用、经常使用这个武器,使之越用越灵、越用越有效,以此促进民主集中制的贯彻执行,促进党内

---

[1]《习近平关于全面从严治党论述摘编》,中央文献出版社 2016 年版,第 27 页。

《关于正确处理人民内部矛盾的问题》研读

生活的严格规范,促进党性原则基础上的团结。[①] 可以说,这与毛泽东关于正确处理人民内部矛盾的学说一脉相承。

(三)统筹物质文明和精神文明建设,是新时代正确处理人民内部矛盾的关键路径

"治国有常,而利民为本。"不断满足人民日益增长的物质文化需要,是正确处理好人民内部矛盾的内涵要求。如前所述,绝大多数人民内部矛盾都不属于是非问题,而是由纯粹的物质利益差别和文化认知差别引起的具体矛盾。因此,毛泽东在《关于正确处理人民内部矛盾的问题》中作出明确部署,"我们作计划、办事、想问题,都要从中国有六亿人口这一点出发……都要从对全体人民的统筹兼顾这个观点出发"[②]。

改革开放以后,邓小平科学预见并号召全党做好足够的思想准备,"在实现四个现代化的进程中,必然会出现许多我们不熟悉的、预想不到的新情况和新问题。尤其是生产关系和上层建筑的改革,不会是一帆风顺

---

① 习近平:《在参加河北省委常委班子党的群众路线教育实践活动专题民主生活会上的讲话》,2013年9月25日。
② 《毛泽东文集》第7卷,人民出版社1999年版,第227—228页。

的,它涉及的面很广,涉及一大批人的切身利益,一定会出现各种各样的复杂情况和问题,一定会遇到重重障碍"①。特别是中国特色社会主义进入新时代,人民群众对物质生活和精神生活的美好期待呈现出多样化、多层次、多方面的特点,需要我们一以贯之地研究矛盾、分析矛盾、解决矛盾,推动实现共享发展。

历史唯物主义者坚持以人类物质利益为逻辑起点来观察和解释世界,马克思、恩格斯指出:"人们为之奋斗的一切,都同他们的利益有关""每一既定社会的经济关系首先表现为利益",列宁概括认为,"物质利益问题是马克思主义整个世界观的基础"。毛泽东也在一次谈话中明确讲到马克思列宁主义的基本原则,就是要使群众认识自己的利益,并且团结起来,为自己的利益而奋斗。②

早在井冈山革命时期,毛泽东就反复强调抓好经济建设事业,改善群众生活以满足群众切身利益的极端重要性。在《关心群众生活,注意工作方法》一文中,他深刻指出,我们发动革命战争,夺取全国胜利,是为了人民群众的根本利益,不能疏忽、不能看轻。"这就需

---

① 《邓小平文选》第2卷,人民出版社1994年版,第152页。
② 《毛泽东选集》第4卷,人民出版社1991年版,第1318页。

《关于正确处理人民内部矛盾的问题》研读

要我们领导农民的土地斗争,分土地给农民;提高农民的劳动热情,增加农业生产;保障工人的利益;建立合作社;发展对外贸易;解决群众的穿衣问题,吃饭问题,住房问题,柴米油盐问题,疾病卫生问题,婚姻问题。总之,一切群众的实际生活问题,都是我们应当注意的问题。"①

1956年,我国进入社会主义建设时期,毛泽东在《关于正确处理人民内部矛盾的问题》中进一步强调:"闹事的直接原因,是有一些物质上的要求没有得到满足""在客观上将会长期存在的社会生产和社会需要之间的矛盾,就需要人们时常经过国家计划去调节。我国每年作一次经济计划,安排积累和消费的适当比例,求得生产和需要之间的平衡。"②

党的十一届三中全会之后,我们党深刻总结正反两方面历史经验,认识到贫穷不是社会主义,必须进一步解放和发展社会生产力。邓小平强调:"从根本上说,手头东西多了,我们在处理各种矛盾和问题时就立于主动地位。"③"革命精神是非常宝贵的,没有革命精神就没有革命行动。但是,革命是在物质利益的基础上产生的,

---

① 《毛泽东选集》第1卷,人民出版社1991年版,第136—137页。
② 《毛泽东文集》第7卷,人民出版社1999年版,第215页。
③ 《邓小平文选》第3卷,人民出版社1993年版,第377页。

如果只讲牺牲精神，不讲物质利益，那就是唯心论。"①

党的十八大以来，以习近平同志为核心的党中央采取有力措施保障和改善民生，打赢脱贫攻坚战，全面建成小康社会，把逐步实现全体人民共同富裕摆在更加重要的位置，做大分好"蛋糕"，不断提高发展的平衡性、协调性、包容性，推动发展成果由人民共享。可以说，在强调人民内部"根本利益"一致的同时不能忽视"具体利益"的差异性，正是人民群众之间千差万别的物质利益，构成了产生人民内部矛盾的深刻根源以及正确处理人民内部矛盾的强大动力。

促进人的全面发展是社会主义社会的共同理想，也是中国式现代化的题中应有之义。唯物史观认为，人类社会发展遵循由低级到高级、由简单到复杂的规律，人作为最活跃要素和决定性力量，每个人自由而全面的发展是社会进步的最高目标。一些西方国家和地区的历史经验教训表明，精神文明建设滞后于物质文明建设，见物不见人的发展，极易滋生道德沦丧、行为失范、文化迷失、文明缺失等问题，严重阻碍现代化进程。

中国共产党历来重视物质文明和精神文明两手抓，既关注"物的分配"又重视"人的发展"，把人民对美

---

① 《邓小平文选》第2卷，人民出版社1994年版，第146页。

好生活的向往作为奋斗指向。进入新时代，人民群众的物质文化需求已经由"有没有"转向"好不好"，由一般性需求转向对更加美好生活的期待，对我国社会主义现代化建设提出了新的更高要求。

习近平总书记高瞻远瞩地提出，促进共同富裕既要富口袋又要富脑袋，既要"仓廪实、衣食足"又要"知礼节、明荣辱"，二者相辅相成、缺一不可。他强调："精神文明建设是一项实实在在的社会主义建设事业，当然需要许多群众欢迎的好形式。形式和内容是统一的，离开了形式，内容也就不能存在。在工作中，我们反对那种脱离实际、劳民伤财、只图表面、不求实效的形式主义，但决不能以此把精神文明建设说成是搞形式主义。整修街道，搞好环境净化、美化，既给人以美的享受，又有利于身心健康，还方便交通，怎么是形式主义呢？修桥补路，历史上都称为'积德'之行，时至今日，怎么能说是脱离群众呢？何况人民群众都愿意吃好些、住好些，文化生活丰富些。""要舍得在精神文明建设上花点钱、投点资，实实在在地为群众办几件长精神、长志气的好事。"[1]

---

[1]《习近平总书记"三农"思想在正定的形成与实践》，《人民日报》2018年1月18日。

（四）推进国家治理体系和治理能力现代化，是新时代正确处理人民内部矛盾的坚实保障

毛泽东在《关于正确处理人民内部矛盾的问题》中反复强调民主集中制的必要性和重要性，同时把"集中指导下的民主"和"民主基础上的集中"凝练为"团结—批评—团结"的公式。但是，由于缺乏制度保障，这种看似和风细雨的方式极易在具体实践中走向急风暴雨，特别是过去一段时期在革命思维主导下，容易对政治领域的矛盾高度敏感，从而造成社会问题政治化、简单问题复杂化。这也正是毛泽东的人民内部矛盾学说未能得到有效实践，最终导致整风运动转向了反右派斗争扩大化的原因所在。邓小平客观地分析，"我们过去发生的各种错误，固然与某些领导人的思想、作风有关，但是组织制度、工作制度方面的问题更重要。这些方面的制度好可以使坏人无法任意横行，制度不好可以使好人无法充分做好事，甚至会走向反面……必须使民主制度化、法律化，使这种制度和法律不因领导人的改变而改变，不因领导人的看法和注意力的改变而改变"[①]。他还强调，斯大林严重破坏社会主义法制，毛泽东同志就

[①]《邓小平文选》第2卷，人民出版社1994年版，第333页。

说过，这样的事件在英、法、美这样的西方（法制）国家不可能发生。①

"凡将立国，制度不可不察也。"历史和实践一再证明，制度建设具有根本性、稳定性和长期性，是切实维护和解决人民根本利益的必然选择，也是实现第二个百年奋斗目标的重要保证。

一方面，要将我国的政治生活纳入法治化、制度化、民主化的轨道。党的十一届三中全会后，以邓小平同志为主要代表的中国共产党人，深刻指出我国面临社会主义四个现代化建设的重要任务，需要有一个团结稳定的政治局面，这种政治局面的维持，不能依靠政治斗争，而要靠完善社会主义法治建设，必须一手抓建设，一手抓法制。只有从根本上加强民主法治建设，创新权力运行的体制机制，才能切断随意把人民内部矛盾转向敌我矛盾的错误根源，才能真正调动一切积极因素，实现国家长治久安、兴旺发达。以习近平同志为核心的新一代中央领导集体十分重视推进社会主义民主与法治建设的紧迫性。在纪念现行宪法公布施行30周年大会上，习近平总书记指出，要坚持依法治国、依法执政、依法行政共同推进，坚持法治国家、法治政府、法治社会一

---

① 《邓小平文选》第2卷，人民出版社1994年版，第333页。

体建设。在主持中共中央政治局就全面推进依法治国进行第四次集体学习时,要求各级领导机关和领导干部要提高运用法治思维和法治方式的能力,努力以法治凝聚改革共识、规范发展行为、促进矛盾化解、保障社会和谐。在党的十九届四中全会第二次全体会议上,他再次强调:"我国国家制度和国家治理体系始终着眼于实现好、维护好、发展好最广大人民根本利益,着力保障和改善民生,使改革发展成果更多更公平惠及全体人民,因而可以有效避免出现党派纷争、利益集团偏私、少数政治'精英'操弄等现象,具有无可比拟的先进性。"[1]

另一方面,要坚持和完善共建共治共享社会治理格局。1963年5月,浙江省委工作队进驻诸暨枫桥开展社会主义教育运动试点,创造了"发动和依靠群众,坚持矛盾不上交,就地解决,实现捕人少,治安好"的经验,毛泽东对此高度认可并作出批示,"要各地仿效,经过试点,推广去做"。现阶段,中国特色社会主义进入新时代,"枫桥经验"启示我们"一切为了群众"的价值观不能忘、"一切依靠群众"的方法论不能丢,特别是要持续不断加强和创新基层社会治理,推动城乡社

---

[1] 习近平:《坚持和完善中国特色社会主义制度　推进国家治理体系和治理能力现代化》,《求是》2020年第1期。

区建设，强化网格化管理和服务，完善社会矛盾纠纷多元预防调处化解综合机制，用好用活矛盾法则，最大限度把各类矛盾风险防范在源头、化解在基层。习近平总书记指出，要善于把党的领导和我国社会主义制度优势转化为社会治理效能，完善党委领导、政府负责、社会协同、公众参与、法治保障的社会治理体制，"实现政府治理同社会调节、居民自治良性互动，建设人人有责、人人尽责、人人享有的社会治理共同体"①。

---

① 习近平：《正确认识和把握中长期经济社会发展重大问题》，《求是》2021年第2期。